智库 中社 年度报告 Annual Report

2022

新媒体影响力指数报告

刘志明　杨斌艳◎主编

2022 ANNUAL DIGITAL
MEDIA INFLUENCE INDEX REPORT

中国社会科学出版社

图书在版编目(CIP)数据

新媒体影响力指数报告．2022 ／刘志明，杨斌艳主编．—北京：中国社会科学出版社，2023.4

（中社智库年度报告）

ISBN 978－7－5227－1752－4

Ⅰ．①新…　Ⅱ．①刘…②杨…　Ⅲ．①企业信息化—研究报告—中国—2022　Ⅳ．①F272.7－39

中国国家版本馆 CIP 数据核字（2023）第 060295 号

出 版 人　赵剑英
责任编辑　周　佳
责任校对　韩天炜
责任印制　王　超

出　　版　中国社会科学出版社
社　　址　北京鼓楼西大街甲 158 号
邮　　编　100720
网　　址　http://www.csspw.cn
发 行 部　010－84083685
门 市 部　010－84029450
经　　销　新华书店及其他书店

印　　刷　北京明恒达印务有限公司
装　　订　廊坊市广阳区广增装订厂
版　　次　2023 年 4 月第 1 版
印　　次　2023 年 4 月第 1 次印刷

开　　本　710×1000　1/16
印　　张　11.5
插　　页　2
字　　数　122 千字
定　　价　65.00 元

前　　言

2022年是中国社会科学院舆情调查实验室成立10周年。在成立之初，虽然有创新机制和各方资源的支持，但总体来说资源非常有限。为此，我们基于开放式创新模式，首先组建了由新媒体与大数据企业、调研机构和舆情研究机构广泛参与的舆情研究联盟，基于不同主题长期开展合作研究，并在此基础上制定了舆情调查实验室10年发展规划。以5年为期，分为上下两个阶段。上半场重点是做基础建设，主要完成了以下几方面的工作：（1）建立全国舆情调查在线概率样本库和舆情监测系统；（2）组建中国舆情调查与研究联盟，搭建舆情研究合作平台；（3）开展中国舆情指数系列调查和国际舆情指数调查；（4）出版舆情研究智库年度报告系列，如《中国舆情指数报告》《宜居中国发展指数报告》《中国微传播指数报告》《中国旅游扶贫发展指数报告》等。

进入下半场后，转为重点推进新媒体国家传播影响力指数体系的构建工作。共分为五个板块，包括：舆情影响力指数研究、文旅影响力指数研究、品牌影响力指数研究、城市影响力指数研究和新媒体国际传播力指数研究。相关研究成果汇编成中社智库年度报告《新媒体影响力指数报告》，该报告每年一次持续出版。

《新媒体影响力指数报告（2022）》是10年计划中的最后一期。其中，由舆情调查实验室秘书长杨斌艳撰写的《“中国舆情指数调查”源起、历程及意义》，对实验室的发展历程及主要成果之一的舆情指数调查做了全面的介绍和回顾；世研智库首席专家张曦撰写的《品牌影响力指数研究方法及应用案例》填补了品牌影响力指数研究的空白。自此，新媒体国家传播影响力指数体系的构建工作基本告一段落。除此之外，本报告其他内容主要由两部分构成，第一部分是关于文旅影响力指数的研究，共收录3篇报告，包括《2022年文旅新媒体传播力指数》《2022年中国研学旅游影响力指数》《非物质文化遗产消费趋势》；第二部分是新媒体国际传播力指数相关内容，共收录4篇报告，分别是《省级文旅新媒体国际传播力》《吉林省文旅国际新媒体传播案例分析》《中国城市国际新媒体传播力》《西方主流新闻媒体的“TikTok抉择”》。

2022年，本人也将结束在中国社会科学院新闻与传播研究所的研究工作，开始步入新的人生轨道。本人1987年毕业于中国人民大学新闻学院并留校任教，在35年的研究生涯中，先后横跨了电视学、广告学、舆论学、社会心理学、国际政治、国际传播、市场营销、新媒体研究等多个学科和研究领域，代表性研究成果有《广告传播学》《电视传播学》《中日传播研究》等。1998年，本人进入中国社会科学院新闻与传播研究所工作，重点负责传媒调查和舆情研究，先后参与筹建传媒调查中心和舆情调查实验室。尽管多数研究还停留在自己的兴趣阶段，并没有进一步深入，但在35年的研究生涯里，本人至少坚持做到了求真求实，不说空话、假话。而能做到这一切，离不开各位同事、合作伙伴的理解、支持与包容，在此一并表示感谢！

刘志明

2022年11月9日

目　录

第一章

“中国舆情指数调查”源起、历程及意义

杨斌艳*

“中国舆情指数调查”是中国社会科学院舆情调查实验室构建和打造的“中国舆情智库”的重要组成部分。实验室关于“中国舆情调查系统”的规划主要包括舆情监测、快速舆情调查、舆情指数调查、城市形象调查和中国全球形象调查等。中国舆情调查实验室自 2012 年下半年开始筹建，2013 年 2 月 27 日正式挂牌。实验室创立后就开始实施舆情指数调查，并将其打造成为实验室的品牌项目。自 2013 年至 2022 年 12 月，该项目已经完成调查 31 期，累计有效样本超过 8.1 万个。该项目是以中国城市居民为主要对象的网络调查，通过结构化问卷持续

---

* 杨斌艳，中国社会科学院舆情调查实验室秘书长，舆论学研究室副主任、副研究员。共同参与了中国社会科学院舆情调查实验室的筹建，舆情调查实验室执行专家，是“中国舆情指数调查”项目的持续执行人。

进行中国城市居民网络民意和舆情的监测跟踪。另外，实验室还根据需要和社会热点完成了各类快速的舆情民意调查超过20次，对于社会重大时政事件和舆情热点事件进行了专项跟踪和民意收集，这些调查研究有力地支撑了各部委交办委托课题项目以及国家高端智库研究课题项目。

一　源起：舆情在宏观背景下的多元视角和数据体系

（一）网络舆情在中国

网络舆情的出现与互联网带来的传播革命和传播生态进化密切相关。2008年，中国最早的两个网络舆情机构成立，一个是人民网的舆情监测室，另一个是中国传媒大学的艾利艾公司。网络舆情的社会化服务始于2009年。在此之前，虽然没有“网络舆情”这个词汇，舆情也没有作为一种专业的社会服务和互联网新兴产业的发展模式，但是早在2003年中国网络传播就呈现出了舆情的雏形。起初以网络热点事件、网络群体性事件等为主要代表形态的源于互联网的很多公共事件，在社会上引起了巨大的轰动和影响，如2003年的孙志刚案等。这些其实就是网络舆情最早的表现和萌发。

网络空间个人表达的便利成为网络舆情产生的技术基础，而互联网传播和网络自我表达的发展带来的话语权的改变，则成为网络舆情可能产生的现实基础。民众对于公共事务、公共政策和公权力认知的进步，尤其是公众对于自我权利、公民权利认知的提升，成为网络舆论持续发酵和续继存在的社会心理基础。智能手机的普及流行以及网络社交平台的发达，使得每一个普通的人都可以录，都可以拍，都可以写，而且他们拍的、录的、写的东西都可以很容易地上传到网上去，被更多的人看见、听见。这是技术对于原有传播体制的颠覆性挑战，也是技术赋权普通人的伟大变革。因此，网络舆情具有了与传统意义上的舆论完全不同的特质，其呈现出的迅速发酵、火速传播、全民参与、意见对峙、情绪激发、观点纷争等特点为社会治理和舆论引导带来了极大的冲击和挑战。

随着中国互联网普及率的不断提升，网络舆情成为了解和观察民意的重要指标。因为网络舆情大多以负面事件为主要监测目标，而这些事件被以大数据报告的形式再次呈现时，在某种程度上引发了社会层面的过度焦虑。在网络舆情高热的背景下，我们也观察到了网络舆情行业发展中的一些问题和弊病，即单纯以网络抓取数据观察舆情民意的偏颇性，以及由此带来的潜在的社会影响。其一，政府和政务机构容易被误导，将舆情直接等同于民意，在大数据报告的加持下，给政府执政、政府管理等带来了巨大的压力和焦虑，而这种对于负面事件的放大，又极易带来网络治理层面的层层加码。其二，一批不良和违法商业机构借机而生，比如，水军、黑公关、网络写手、网络营销公司等为牟利，故意制造大量负面舆情事件。其三，网络舆情监测技术本身的局限和数据源的天然偏差。一般的舆情监测系统以爬虫抓取网络公开数据为主要的数据源，一方面网络公开数据本身就是一个有限的数据集，即使网民的数量规模很大，但是在网络上就特定事件发言的人其实是很有限的一个数量，沉默或者“潜水”的网民大量存在，其规模往往高于发言人群量。

虽然技术和平台为“人人都有麦克风”提供了技术便利和可能，但是在中国网络文化和中国民众表达习惯下，真正在网络上公开表达意见的人群规模远低于网民规模。那么，就存在大量的“沉默者”，而这些“沉默者”（而且可能是大多数人）的意见值得被关注。民意调查从另外一个视角观察民意和舆论，显得极具意义和特殊性。

（二）中国舆情指数调查的开创

新闻传播领域对传播技术带来的传播变革，尤其是传播技术对舆论场的影响和变化，一直关注并非常敏锐，因此，新闻传播领域的研究者也最早关注到了网络热点事件、网络群体事件等网络舆情，并且成为我国网络舆情研究的重要力量。中国社会科学院新闻与传播研究所是中国最早关注和研究互联网传播的机构之一。2002 年，在时任中国社会科学院院长李铁映同志的关心和指示下，新闻与传播研究所成立了数字传媒与互联网传播研究室，互联网传播、手机传播、新闻网站、传播新技术、网络舆论场等成为关注和研究的重点。

2012 年，新闻与传播研究所希望在学科领域和学科方向上进行创新和拓展。在与中国社会科学院数据调查中心的合作共建下，新闻与传播研究所在2012年年底开始筹备中国舆情调查实验室的建设。2013年2月27日，中国社会科学院数据调查中心和新闻与传播研究所共同挂牌成立了中国舆情调查实验室。实验室依托一手调查数据和舆情监测的网络数据，持续观察和研究中国的网络民意。从国家治理、风险管理的角度切入，为社会风险治理、舆论引导与民众的风险沟通等提出有价值的对策研究和智库研究。而“中国舆情指数调查”就是实验室的重要支撑项目，也是实验室开展舆情研究的重要切入口。

新闻与传播研究所具有调查研究的传统和优势，是国内最早开展传媒调查的研究机构之一。1982年，研究所的科研人员参与和组织的北京地区受众抽样调查，受到国内外新闻界和传播界的广泛关注。此后，又陆续在全国各地开展了各种不同规模的调查，其调研成果先后汇集成《北京读者听众观众调查》《中国传播效果透视》《媒介·人·现代化》等书。在继承这一传统并与国内外相关调查机构、学者广泛合作的基础上，中国社会科学院新闻与传播研究所于2003年9月成立了“传媒调查中心”。“传媒调查中心”完成了“全国城市居民媒介接触与使用行为调查”和“2003年中国中等收入阶层媒介消费行为与形态调查”两项大型调查，每年实施多项舆论调查或媒体调查，调查范围遍及全国上百个城市。

“中国舆情指数调查”作为新闻与传播研究所开创的新的调查项目，以一手调查数据的持续积累为优势，借助中国社会科学院实验室建设的支持，持续获得中国社会科学院社会重大调查项目的资助。截至2022年12月，完成的调查情况如表1－1所示。

表1－1　“中国舆情指数调查”执行细目

	执行调查次数	有效样本量	是否有院经费支持
2013年	两期	4000	无
2014年	三期	4300	有
2015年	三期	5000	有
2016年	两期	2300	无
2017年	四期	10400	有
2018年	四期	11000	有
2019年	四期	14000	有
2020年	四期	10000	有
2021年	两期	8000	无
2022年	三期	12000	有

资料来源：笔者自制。

(三) 中国舆情指数调查的价值

民意研究、舆论研究具有长期的传统。民意调查自20世纪初在美国产生以来，在全球获得了迅速地发展，在政治、经济以及社会管理等领域发挥着重要作用。中国社会科学院是我国调查研究的重要机构，中国舆情指数调查作为基于调查的一手基础数据，在我国当前的各类调查研究中，属于独家特有数据。

国内比较持续的调查研究机构和其执行的调查项目，梳理如表1－2所示。

表1－2 国内较有影响力的社会调查研究项目

序号	执行单位	项目主题
1	中国社会科学院	中国社会状况总综合调查（CSS）
		中国社会心态调查
		大学生生活和价值观变迁调查
		舆情与民意调查
		社会景气指数调查
		政治态度系列调查
2	北京大学中国社会科学调查中心	中国家庭追踪调查（CFPS）
		中国健康与养老追踪调查（CHARLS）
		中国企业创新创业调查（ESIEC）
		北京社会经济发展年度调查（BAS）
		中国老年健康影响因素跟踪调查（CLHLS）
3	中国人民大学中国调查与数据中心	中国综合社会调查（CGSS）
		中国教育追踪调查（CEPS）
		中国老年社会追踪调查（CLASS）
		中国人民大学中国发展指数（RCDI）
4	清华大学新型城镇化研究院	人民幸福指数研究报告
5	中山大学社会科学调查中心	中国劳动力动态调查（CLDS）
6	上海交通大学民意与舆情调查研究中心	中国城市居民环保意识调查
7	复旦大学社会科学数据研究中心	长三角地区社会变迁调查
8	武汉大学社会调查中心	武汉市社会状况综合调查（CSSR）

资料来源：笔者自制。

社会上广泛流行的网络舆情监测多采用网络公开数据抓取

的模式，数据源的天然偏差以及抓取技术和机器分析的局限，使得网络舆情观察和研究的数据处于一个单一数据源，整体上国内的网络舆情研究领域也多处于网络公开数据这样的数据源。而“中国网络舆情指数调查”基于民意调查的基础，从结构化数据和持续数据监测的角度出发，积累了大量的一手数据，成为国内唯一的持续舆情调查数据源。这为我们多角度、多数据源、多工具观察和研究中国的网络民意和舆情提供了宝贵的原料，也从另一个视角和更宏观的层面观察到了中国网络舆论场的变化、中国网民网络表达的变迁。因此，舆情调查实验室也成为中国社会科学院国家治理研究智库的舆情研究部，其通过将一手调查数据和网络抓取数据相结合，显示了舆情调查实验室智库研究的独特风格。

“中国舆情指数调查”收集和积累了大量的关于舆情舆论、网民情绪、消费者信心、民众对政府满意度、民众国际意识、民众媒介接触等多方面的一手数据，完成了大量的调查研究报告。该调查是全国唯一持续进行的舆情指数调查，在舆情民意、网络舆情、舆论治理等方面的探索和研究，具有开创性和基础性。

二　历程：指标体系、一手数据为基础的舆情智库建设

（一）指标体系的研发和研究报告的出版

“中国舆情指数调查”不仅是一个调查研究项目，更是一个

新数据和大数据研究的探索和实验性项目。在中国舆情调查实验室的研究规划中，“中国舆情指数调查”是研究的一个实测数据落地点，也是一个研究核心基础数据持续积累的重要开拓。而配套这个调查研究项目，是新闻与传播研究所研究团队对民意挖掘、舆情研究、调查方法、大数据研究的持续探索和尝试。网络调查已经逐渐成为国际调查的主流，而在全世界只有美国有在线概率样本库，可以支持所有在线调查的抽样。实验室研究团队也期待打造一个中国的在线调查概率样本库，为中国网络调查提供基础资源。

如何在网络调查中做到更好的抽样，是项目组主要攻克的第一个重要难点。新闻与传播研究所研究团队在网络调查抽样上做了大胆的尝试和探索，构建了一套“中国舆情指数调查”的抽样方案，开创性地使用了国家统计数据与网络调查样本库的结合，形成了统计数据 + 网络样本库的抽样体系。该抽样方案研究出来后，新闻与传播研究所研究团队组织了至少三轮的专家论证会，邀请国内调查统计、大数据挖掘领域的学界、业界专家，多次研讨、论证，不断修正完善，最后形成了全国城市分层抽样 + 网络样本库人口特征配比抽样的落地执行方案。该抽样方案也是国内首创，成为建设中国在线概率样本库的摸路探索。

指标体系的建立以及指数报告的形成是“中国舆情指数调查”的重要特色。如何结构化、系统化，如何从社会晴雨表的角度研究和观察中国的网络舆情，是中国舆情指数调查的重要探索方向。调查问卷的设计依托指标体系进行不断地修改和完善，成为该调查研究的另一重要突破口。“中国舆情指数调查”的问卷先后经历几次大的修改，大的版本有三个：2013—2016年的调查问卷、2017—2019年的调查问卷、2020—2022年的调查问卷。调查问卷一方面考虑了历时性数据比较的需要，在问卷上保持大结构的基本稳定，以及一些常规题目的持续监测；另一方面根据变化进行调查问卷的修改和完善。问卷主要的调查内容包括消费者信心指数、政府满意度指数、网民情绪指数、民众国际意识、民众媒介接触等，主要从社会的基本问题和民生基本出发，进行持续的态度监测和意见收集。

配合调查实验室开创了“中国舆情智库”系列研究报告的出版。2013—2017年以《中国舆情指数报告》为调查成果的汇集，持续出版了三册，累计超过100万字。2018年后，要求相关调查数据以内部发布和智库研究为主，停止了对外的公开出版。但是实验室每年形成内部研究报告的集刊，收录每年中国舆情指数调查数据分析报告。依托该调查项目以及舆情实验室在舆情领域的不断探索，实验室还出版了“舆情管理”系列，已经出版的至少有8部在指数研究、行业舆情、行业大数据方面做了不少的开创。

（二）“舆情与治理”国家舆情智库研究的路径转型

2015年，中国社会科学院社会政法学部联合成立了“国家治理研究智库”，舆情调查实验室作为智库的舆情研究部，开始将研究重点转向“网络舆情与国家治理”，打造国家级舆情智库成为实验室的新目标。而舆情研究天生具有面向重大现实问题、面向社会热点问题、多领域复杂网络等特征，是智库研究的典型和重要方向。智库研究和应用研究成为舆情调查实验室最重要的定位。“中国舆情指数调查”也从一手调查数据上为智库研究奠定了坚实的基础。2017 年，该调查项目又孕育出“网民意识形态认知调查”，作为该调查项目的一个子项，每年执行两期，每半年一次。2017—2020 年共完成调查 8 期，累积有效样本 8000 个。而且舆情研究部承担大量部委交办任务和国家高端智库课题项目，并依托实验室构建的“中国舆情调查系统”的支持，完成了多项专题调查。

2020 年新冠疫情期间，中国社会科学院成立疫情舆情速报小组，新闻与传播研究所是成员之一，要求每日下午 2 点之前报送相关舆情信息。一日一报，重点有四项内容：其一，总体态势；其二，国内重点舆情；其三，国外重点舆情；其四，专家建议。并且，新闻与传播研究所以舆情调查实验室为班底成立了舆情报送小组。

自 2020 年 2 月 1 日起，新闻与传播研究所每天报送 1—2 期舆情速报，至 2 月 29 日共报送 34 篇；不定期报送舆情专报，至 3 月 23 日共报送 30 篇；同时，按时完成了中央相关部委的各项交办任务，至 3 月 23 日，报送交办任务稿 5 篇。在这期间，新闻与传播研究所先后进行了 9 次网络舆情调查，总样本量为 10580 个。

在一手调查数据和网络监测数据的支撑下，舆情研究部的智库研究成果较为丰硕。2017—2020 年，实验室团队完成了多项国家高端智库项目，完成多项部委交办课题项目，承办国家治理研究智库高端论坛等。

“中国舆情指数调查”是指标体系建构和研发与数据落地的十年探索，也是一手调查数据支撑智库研究的探索。“中国舆情指数调查”从公开出版转向智库研究，更是一个将舆情研究、民意挖掘不断走向深入、不断走向数据化的过程。在大数据时代的舆情民意研究中，大数据是一个数据体系，而不仅仅是网络抓取数据。国家统计数据、调查研究数据、网络抓取数据如何从不同的角度发挥各自的优势和价值，如何进行多源异构数据下舆情民意的探索和研究，是舆情调查实验室和“中国舆情指数调查”为舆情研究提出的新问题。如何从舆情监测和研究方面探索行业大数据体系的建设，是实验室依托调查数据结合文旅行业的尝试和探索；如何从舆情研究探索大数据 + 社会科学研究是实验室研究团队持续的探寻。

三　意义：十年社科实验室建设的探索和尝试

（一）持续调查和十年监测对于中国舆情、舆论的意义

“舆论是我们的社会皮肤”是德国女传播学家诺依曼（Elisabeth Noelle-Neumann）的一个著名观点。在她的经典著作《沉默的螺旋：舆论——我们的社会皮肤》中，她细致论证了舆论

作为社会控制的一种机制，对于个人所具有的社会控制作用。“公开的意见”形成舆论后，在社会上就会形成强有力的控制，一种意见可以具备和产生一种力——“沉默的螺旋”。在中国的网络舆论场和网络表达中，在特定的网络舆情事件中，“公开的意见”，甚至是表面上数量规模极其庞大的意见，一定是“大多数人”的意见吗？那么，这种表面上的社会层面的所谓“优势”意见，能够代表“舆论”吗？

在网络传播时代，很多的传播学经典理论受到挑战，需要被重新反思。新闻与传播研究所的同仁正是看到了网络舆论场的特殊性、看到了网络舆情的复杂性，才从另一个视角，运用另一套工具，为舆情和舆论的观察，积累和提供不同的数据，认知和监测中国网络舆情，正是“中国舆情指数调查”开创的初衷，也是这项调查研究的意义所在。

在调查数据和指标体系的监测和观察下，我们发现，中国民众表现的更多是信心、满意和乐观，这种社会基本问题、民生基础问题的长期监测和反馈，给了我们极大的信心。为了一改舆情行业“负面事件为主，灭火公关为主”的狭隘模式，实验室团队在《人民日报》发文，倡导了“阳光舆情业”，为整个舆情行业的负面形象和黑公关等恶名带来了一缕清风。2017年，实验室提出了“网络舆情一种新型的社会凝聚力”，倡导从舆情研究的问题焦点、舆情行业的产业模式、舆情管理的治理思路三方面，将舆情视为一种整合社会多方力量的新型社会治理工具，为国家治理和社会治理服务。

在长期调查数据的实证研究支撑下，实验室提出了“舆情≠舆论”“网络舆情≠网络民意”。研究舆情需考虑中国网络表达的特征、中国网民特征、中国网络管理制度，重视大多数的网络潜水者，看到网络水军、网络推手等的操作。这不仅是科学研究舆情的起点，也是研究中国现实问题的基础。该理念消除了网络管理部门长期的焦虑，以及由此带来的过度管制等问题。

（二）联盟与合作拓展作为研究共同体和数据共享的意义

一个研究项目能够持续十年，一个调查数据能够持续累积十年，其价值和意义已经远远超越了研究本身。过去的十年，网络传播的快速变化、网络治理思路的转变、网民意见表达的变化等都体现在十年的民意调查和数据监测中。“社会变迁”是社会学研究中的一个重要向度，那么十年聚焦于网络舆情、网络舆论、网络民意的监测和调查研究，在某种意义上，是否也能够形成对于特定社会结构要素或社会局部变化的研究，也是一种社会变迁的向度，我们不敢妄下结论，但是十年的坚持和探索，却足以让这个项目和团队感到自豪。

但是，团队在构建多源异构的大数据体系中，发现获取统计数据、调查数据、网络数据等其实并不像想象中那么简单。因此，这个调查项目很多时候还包含了关于持续发展模式的探索，如何保障和保证一个调查项目的持续性，这本身就是一件需要特别努力的事情。而在有限的资金支持下，如何能够获得网络大数据，更是需要在科研合作模式、科研成果转化等多方面发挥智慧、大胆创新。

2013 年 11 月 19 日，更是实验室成立了“中国舆情调查联盟”和联盟专业委员会，可谓一种大胆的尝试和探索。实验室核心成员一家一家去走访，一家一家去谈合作，规划未来，联盟不断地扩大和发展，成为跨业界、学界的 30 多家合作机构。正是这些新的合作模式的创新和探索，支撑着“中国舆情指数调查”走过了十年不间断的历程。

构建研究共同体、实现联盟内数据的共享，在这些美好理念和发展目标的支撑下，项目组核心成员深入大数据公司、互联网平台、调查机构、媒体进行调研、走访、座谈，找路子、想办法，不断拓展舆情研究的广度和深度，通过多方努力，让中国舆情指数调查持续革新，并呈现出勃勃生机。

以“中国舆情指数调查”为起点和基石，我们依托“舆情调查联盟”实验室实现了多领域的跨界合作，在文旅传播、城市影响力传播、国际传播等方面，进行了行业大数据、文旅传播创新、传播影响力评估等多研究领域的探索。

四 小结

十年“中国舆情指数调查”不是结束，而是起点。2021 年以来，国家在文科实验室建设上的重视和支持为舆情调查实验室带来了新的发展机遇。有赖十年“中国舆情指数调查”的开创、坚持和拓展，基于调查研究及其系列研究的成果，舆情调查实验室成为中国社会科学院院级重点实验室，获得院里进一步地肯定和支持。“中国舆情指数调查”在经历了多次的拓展、融合和发展后，也获得了2023年中国社会科学院重大社会调查项目的支持，而调查项目和调查内容也进一步扩展和拓新。

十年“中国舆情指数调查”为中国舆情民意的研究积累了珍贵的一手数据，通过问卷记录了十年中国网络舆论场的变迁，而这背后也是中国网民心态的变迁、中国网络治理的变迁。十年“中国舆情指数调查”既是民意调查、舆情监测和网络舆论研究，更是新闻与传播研究所同仁致力于大数据在传播、治理等方面系列研究的持续探索，是实验室同仁深度参与中国媒体融合，探索互联网时代、社交媒体时代中国传播创新的实践。

第二章

品牌影响力指数研究方法及应用案例

张　曦*

品牌影响力，泛指品牌主体对作用对象的态度、行为和认知的控制能力。根据品牌主体、作用对象、影响层面的不同，研究的范围、考量因素、复杂程度等均有所不同，所运用的分析方法也有差别。在具体应用领域中，需进行研究概念界定。

- 品牌主体，是指品牌的公认权益归属者。可以是国家、城市、组织、企业、个人等。
- 作用对象，本案中特指品牌的某种影响力所针对的某类目标人群，对象人群可从不同维度进行归类或抽样研究，可分为社会大众、从业者、消费者、股东、员工等。
- 影响层面，是指品牌对目标人群所发生作用的社会维度、领域范围或特定研究因素等。可从不同角度界定、

* 张曦，世研智库首席专家。

细分，包括但不限于政治/经济/文化等影响维度、行业/品类/场景等影响辐射范围、某类新兴技术/前沿概念等影响作用因素。

一　指数设计方法论

品牌影响力指数评价体系，旨在打造一整套可广泛应用于不同品牌主体、作用对象、影响层面综合评估的指数方法论。顶层理论架构、一级指标体系相对固定，二级及以下数据评估指标根据应用场景不同而各有侧重，总体遵循方法论指引原则，在细分领域应用针对性评估指标，以确保“方法论通用、指标项合理、数据可支撑”的完整结构。

品牌影响力指数评价体系的应用原则：遵循顶层架构的理论指引，围绕最终评估目标展开指标框架设计，数据统计意义忠于指标概念。根据此原则，在实际应用场景中，根据指数评价目标（品牌主体、作用对象、影响层面）的不同，可进行不同广度与深度的评估。品牌主体与作用对象规模越大、参与评估的影响层面越广泛，指数评价体系的指标参与项越多元。反之，在单一、垂直领域的评估，需要聚焦评价目标，在整体框架中选取与之对应的指标维度参与，弱相关指标适度参与，不相关指标不参与。

（一）品牌影响力顶层指标体系：竞争力、心智力、传播力

在影响力评价指标体系中，一级指标包括竞争力指数、心

智力指数和传播力指数。竞争力指数反映品牌的当前及潜在的竞争实力；传播力是考量品牌为了达成让目标群体了解其实力，而进行的布局投入及相应的效果产出；而心智指数，则是品牌竞争力与传播力叠加后具有一定滞后性的效果显现，反映在目标群体心中业已形成的对该品牌的明确看法或价值认知的认同程度。三者组成一个既可以相互独立存在，又相互作用的影响力评价的系统结构，能够弱化短期效应、偶发现象等信息干扰，预判长期投入、宏观趋势等战略因素的潜在价值，从现状与趋势、行为与结果、静态与动态等方面综合评估，客观呈现出真实全面的品牌影响力。

1. 竞争力指数

竞争力是评价对象在竞争中体现出来的综合能力，是一种随着竞争而变化的能力。竞争力包含对象的“现在”，但侧重于评估对象“未来”可以展示的能力。因此，采用未来研究方法测定和评价竞争力，测定的是对象“现在”中包含的“未来”。

竞争力是由各种因素组成的有机整体，它的强弱取决于各个要素综合作用的结果。在品牌竞争力的评估中，要甄别真实竞争力（real competitiveness）与虚假竞争力（spurious competitiveness）。与技术、管理、基础设施、投资结构、生产类型、外部性相关的因素，会带来结构性竞争力的持续提升，归为真实竞争力，是品牌竞争力的考量因子。汇率变化、补贴出口、价格战、资源损耗等因素带来的短期竞争优势，具有暂时性、偶发性，归为虚假竞争力，不纳入竞争力指标体系中考量。

竞争力指数的一级指标考量包括战略、管理、产品。

- 战略维度，考量品牌主体在提升真实竞争力方面的综合战略布局，结合宏观社会/政治/经济层面的可持续性发展导向，对品牌主体自身的战略发展表现进行评估。下级指标的衡量维度包括战略规划的长期性、有效性、可行性等。

- 管理维度，考量品牌主体对各类资源的优化配置能力，提升竞争效率的举措。下级指标的衡量维度包括有效管理行为的实施、实施相关的结果数据等。

- 产品维度，考量品牌主体所提供产品（包括但不限于实物/虚拟/服务等）的市场竞争能力。下级指标的衡量维度包括技术竞争力（独创性/领先程度/应用潜力等）、市场稀缺性、竞争壁垒等。

2. 心智力指数

心智力是指消费者的品牌心智概念对其购买决策的影响程度。品牌心智概念是蕴藏在消费者内心深处的对待某一品牌的明确看法或价值认知认同程度。

品牌心智概念的形成，是由品牌的商品、文化、传播、品牌延伸等一系列要素在消费者心智中协同作用的结果。通过对影响消费者品牌心智的各类因子进行解构、归纳，设定为各级指标，厘清不同指标概念的数据意义并进行计量测算，以品牌心智力指数呈现某一品牌对消费者购买决策的影响力度。

心智力指数的一级指标考量包括品牌知名度、品牌美誉度、品牌忠诚度、ESG 认知度。

- 品牌知名度，主要指市场上知道该品牌的人数比例，由品牌热度算法测量品牌热度总值/均值/波峰值等，由品牌广度算法测量人群/地域等分布均衡度，二者综合输出指数以客观呈现品牌主体在作用对象中的知名程度。以主流媒体、社交平台、交易平台的行为数据为主，辅以调研类态度数据。

- 品牌美誉度，表明市场中人们对某一品牌的好感和信任程度，由品牌效度相关的数据指标参与指数模型计算。在某些应用场景下，需要区分顾客与非顾客人群的数据权重、增加重大舆情事件的影响因子等。

- 品牌忠诚度，反映出顾客对品牌的情感量度，由复购行为相关的指标、口碑推荐类意愿/行为展开指标衡量。指标的数据构成包括行为数据和态度数据。

- ESG 认知度，是指作用对象对品牌主体在环境、社会和治理（Environment, Social and Governance）三方面践行成果的认知程度，反映了人们对品牌具有社会责任、可持续发展的信心度。从 ESG 品牌形象构建、ESG 传播的行为、社会认知效果等维度展开指标衡量。指标的数据构成包括行为数据和态度数据。相关权威部门/机构的资质评定、评选类数据会纳入数据模型中。

3. 传播力指数

传播力是指品牌主体通过媒介，对作用对象实现有效传播的能力，从“能力”和“效果”相统一的角度来综合反映传播力，包括传播的能力和传播的效力两个部分。

- 传播的能力，着眼于传播的硬件要素（信源/信宿/信息/媒介）和到达范围。包括企业在营销传播方面的投入、管理与创新的能力，针对品牌在各类媒介中的传播行为，从传播的广度、深度、频度、响应速度等方面进行评估。
- 传播的效力，侧重于传播的效果，对传播主体针对目标受众精准快速实现传播目标的结果指标进行考量。包括在目标受众中的触达率、均衡度、交互度、认可度、目标转化率等指标体系的考量。

传播力数据统计所涉及的媒介类型覆盖各类维度，包括但不限于国际/国内、传统媒体/新媒体、图文/短视频/音频平台。数据信息类型包括定性与定量两大类，定性数据来自于对图文/音视频等内容信息的语义分析，定量数据包括各类浏览数据、交互行为数据等。媒介平台的官方披露数据、相关权威部门/机构的评选类数据会纳入数据模型中。

（二）品牌影响力指数设计原则

1. 评估体系科学性

“品牌影响力”的评估体系，是该指数的顶层设计，经过核心专家智库的深度研讨、文献分析、实证筛选等工作，确保评估体系的科学严谨性。

2. 多维指标扩展性

在顶层设计支撑评估目标的前提下，设计可持续使用的系统指标体系，能够对影响力相关因素进行全面和多维度的分析，保证指标因子的全面性。针对不同阶段、不同评估对象、不同评估目标的多样性，在动态平衡的原则下，制定具有可操作性的指标维度，从数据获取方式、技术实施难度、操作时间周期等多方面现实因子角度出发，保证指数模型可落地，指数结果忠于评估目标。

3. 数据意义精准性

在保证指标丰富、全面的基础上，深度甄别数据意义，减少各项指标之间的关联性、包含性、重复性，确保数据支撑与评估目标之间的逻辑关系严密。

二　应用案例：2022 国货精品影响力指数①

（一）案例背景

2022 年，在“双循环”新发展格局的大背景下，中国统筹

① 2022 国货精品影响力指数研究课题组专家：隋国栋，中华商标协会品牌影响力专委会主任，值得买科技董事长、创始人；张曦，世研指数总经理，世研智库首席专家；臧文如，中华商标协会品牌影响力专委会秘书长；孙梦，华夏风物创始人，华夏风物产业研究院首席研究员；赵一鹤，易合博略品牌咨询机构创始人、CEO。

疫情防控和消费促进工作，多措并举促进消费持续恢复，提振消费信心。线上线下国货品牌持续发力：电商平台国货搜索和成交额持续攀升，在服贸会、消博会等国家级展会上，国货的关注度不断提升。

作为企业的核心资产，品牌影响力已成为影响企业可持续发展的关键因素。长期以来，品牌评价的主流指数体系主要由欧美构建，存在局限性与片面性。在某些欧美机构发布的品牌排行榜中，排在前列的以美国、德国、日本的企业为主，反映出中国企业在全球范围的品牌影响力不足，评价体系的参与权与话语权缺失。这其中固然有中国品牌还有待提升的因素，但评价指标体系也是一个重要原因。从长远看，中国作为世界第二大经济体，需要积极参与、独立研究、构建新的指数体系，建立一套与以往不同的严谨、科学的品牌评价标准，全面反映品牌影响力的多重价值，让品牌不仅能够清晰看到自己的短板与长处，也能精准锚定自己在世界品牌之林中的位置，从而进一步培育和推广品牌，增强中国国际话语权，提高中国企业全球品牌价值影响力。

“国货精品影响力指数”是《中国品牌影响力指数研究计划》的重要组成部分，主要围绕国货品牌的影响力价值体系、评估维度、指数模型、数据结构等一系列课题展开研究分析。在研究范围界定上，基于国家相关政策导向，现阶段优先聚焦消费品工业领域的国产品牌，将数据模型评估与典型品牌分析相结合，优先遴选一批在“国潮、绿色、智能”领域有领先示范效应、品牌影响力指数表现优秀的品牌，面向媒体及社会大众推荐，供消费者充分了解，在行业内起到标杆示范引领作用。

（二）指数体系

在品牌影响力评价指标体系中，一级指标有三个，即竞争力指数、品牌“心智”力指数和传播力指数。三者组成一个既可以相互独立存在，又相互作用的影响力评价的系统结构。在以品牌为评估目标的影响力评价中，在竞争力、品牌“心智”力、传播力三大维度下进一步推演二级及二级以下的细分指标。

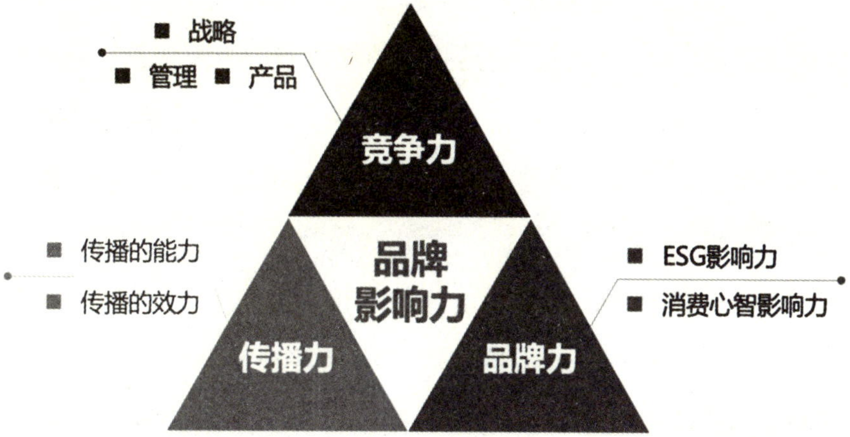

图 2－1　品牌影响力评价指标体系

1. 竞争力指数

竞争力是评价对象在竞争中体现出来的综合能力，是一种随着竞争而变化的能力。针对企业品牌的竞争力，是指在竞争性市场条件下，企业通过培育自身资源和能力，获取外部资源并综合加以利用，在为顾客创造价值的基础上，实现自身价值的综合性能力。竞争力是由各种因素组成的有机整体，它的强弱取决于各个要素综合作用的结果。企业品牌的竞争力受三方面因素影响：战略、管理、产品，其构成竞争力指数的一级指标。

2. 品牌心智力指数

品牌心智力是指品牌形象在消费者心目中的综合描述与评价，它体现了市场对品牌的认可程度，主要衡量指标有 ESG 影响力、消费心智。构成品牌心智力指数的一级指标。

ESG 影响力是企业在环境、社会和治理三方面的践行成果，反映了品牌的社会价值，是品牌可持续发展的重要依据。

消费心智，是蕴藏在消费者内心深处的对待品牌的明确看法或价值认知的认同程度，包括消费者对品牌的认知度、美誉度和忠诚度。

消费心智中的认知度，由品牌热度和品牌广度相关的数据指标参与指数模型计算。消费心智中的美誉度和忠诚度，由品牌效度相关的数据指标参与指数模型计算，指标的数据构成包括行为数据和态度数据。品牌美誉度表明实际购买了该品牌产品的顾客中对品牌持赞誉态度人数的比例。品牌忠诚度由再次购买率衡量，它反映了顾客对品牌的情感量度。

3. 传播力指数

传播力是指实现有效传播的能力，包括传播的能力和传播的效力两个部分。传播能力着眼于传播的硬件和到达范围，传播的效力是指传播的效果。传播力就是传播主体充分利用各种手段，实现有效传播的能力。

传播的能力包括企业在营销传播方面的投入、管理与创新的能力，从品牌的媒体传播广度、深度、频度、应急能力等方面进行评估。传播的效力则是从传播结果的角度进行评估，包括品牌在国内国际的各类型媒体运营效果、互联网舆论管理效果、线上线下营销活动传播效果等。

表2－1　品牌影响力指数细分指标

	一级指标	二级（及三级以下）指标
A. 竞争力指数	A1. 战略	战略规划/落地实施等指标系列
	A2. 管理	管理架构/流程/效果等指标系列
	A3. 产品	产品研发/设计/生产/营销等指标系统
B. 品牌心智力指数	B1. ESG 影响力	环境 社会 治理
	B2. 消费心智	品牌认知度数据指标 品牌美誉度数据指标 品牌忠诚度数据指标
C. 传播力指数	C1. 传播的能力	传播广度 传播深度 传播频度 应急能力
	C2. 传播力指数	媒体运营效果数据指标 互联网舆论管理效果数据指标 线上线下营销活动传播效果数据指标

资料来源：笔者自制。

（三）“2022 国货精品影响力指数”研究范围

消费品工业是中国重要民生产业和传统优势产业，是保障和满足人民群众日益多元化消费需求的重要支撑，在吸纳就业、出口创汇、促进经济发展等方面发挥着重要作用。近日，工业和信息化部、商务部等五部门联合印发《数字化助力消费品工业“三品”行动方案（2022—2025年）》（以下简称《行动方案》），结合当前产业发展实际和技术演进趋势，确立了未来四年数字化助力消费品工业“增品种、提品质、创品牌”的主要目标。到2025年，消费品工业领域数字技术融合应用能力将明显增强，培育形成一批新品、名品、精品，品种引领力、品质竞争力和品牌影响力不断提升。

《行动方案》对国潮品牌创新发展，数字化、绿色化协同扩大绿色消费品供给指明了具体目标和行动方向，提出应建立由相关部门、行业组织、重点企业、科研院所等有关方面共同参与的工作机制，支持开展数字化改造和创新能力评估，加快构建品牌竞争力、品牌价值相关的评价体系。在国家级展会、博览会上开设专题展区，积极展示数字化助力“三品”典型成果。支持行业组织、地方政府开展创新产品、强企榜单发布。

为响应国家战略方针，落实《行动方案》中的最新政策导向，将最新的品牌影响力指数研究成果应用在国产消费品工业领域，对该领域范围内的品牌进行影响力指数分析，从《行动方案》详述的“国潮”“绿色”两大方向重点评估，遴选出一批影响力指数得分较高的国货精品，在本案中展示推荐。

（四）“2022国货精品影响力指数”之国潮精品品牌

国潮的核心是“国”，底蕴在源远流长的中华文化，表现形式是“潮”，是结合当下新人群、新需求、新技术、新场景后产生的新事物和新的展现方式。“国潮”以中华文化为底蕴，以时尚潮流为载体，将现代消费潮流化审美和中华优秀传统文化完美融合，基于新平台的流量、注意力经济和网络效应，形成了消费热潮和新风尚，并借助新电商平台，以此为沟通契机，融入年轻人的日常生活，释放特有的文化价值，让品牌焕发生机，讲好中国故事，推动国民经济发展和民族文化自信提升。中国“国潮风”的强势崛起，以中华文明为底蕴的文化消费正成为一种社会现象和一股不可阻挡的潮流。

“国潮风”的崛起，给传统品牌提供发展新契机，为新品牌提供发展势能，推动了本土品牌“讲好中国故事”的进程。在食品、美妆、服装等各个行业中的企业，均在探索使中国文化元素与品牌构建相融合，与消费者需求产生更多情感共鸣。基于各个行业发展，选取十个典型国潮品牌案例，包括茅台、同仁堂、大白兔、汉口二厂、光明乳业、李宁、花西子、五芳斋、王老吉、云南白药，供市场和消费者充分了解国潮品牌市场的作为与发展。

图 2-2　标杆品牌推荐·国潮精品品牌

1. “中国风+时尚”，东方美学走向国际

通过推进产品设计、文化创意、技术创新与品牌建设的融合发展，花西子、李宁等品牌积极将中华文化元素有效融入中国品牌，深度挖掘品牌文化价值内涵，打造“中国风+时尚”，在全球掀起中国潮。

花西子以“东方彩妆”入局市场，产品以花卉草本精华为主要成分，首创雕花系列产品设计，复刻东方微浮雕工艺，将杜鹃、仙鹤、锦鲤、凤凰等具有东方意象的动植物刻画在美妆产品之上。非遗高级定制系列产品、国风音乐《花西子》亮相2021春夏中国国际时装周等，进行创新跨界传播，让世界看到了更多更美的中国制造。

成立至今三十余年的运动服饰品牌李宁，抓住年轻消费群体日益增长的民族认同和个性展示的需求，将经典中国元素与时尚潮流相结合，陆续推出崭新的品牌形象中国李宁、LI-NING 1990，把握运动时尚文化的精髓，充分融合中国艺术文化元素，将古法蓝染技艺、宋代彩陶美学图案等设计元素融入产品设计，呈现出极具华夏艺术文化格调的全新形象。作为首个亮相国际时装周的中国体育运动品牌，李宁向世界传达着中国运动时尚勇于挑战自我、提升时尚话语权的坚定态度。

2. 洞察新生消费群体，引领国货热潮

当前中国消费人群中，由“新中产”“Z世代”等构成的新生消费群体逐渐壮大，对年轻一代的价值观念、品牌意识、品质认同等消费取向进行深入研究，对品牌的产品设计、营销策

略等有重要指导意义。

跨界玩法为众多品牌带来了新鲜感。大白兔以味、嗅、触等五感联结推出跨界产品，包括美加净联名润唇膏、光明乳业推出大白兔雪糕、气味图书馆推出奶糖味香水、乐町联名大白兔元素潮服等，强化品牌存在感，建立起与新生消费群体的情感链接。茅台与蒙牛推出冰淇淋，添加2%的贵州茅台酒，将细腻悠长的酱香风味与醇厚冰爽的冰激凌口感融为一体。满足了很多年轻人“喝不起茅台，至少买得起茅台冰激凌”的消费想法。为充分贴近年轻人的喜好与市场，五芳斋、王老吉先后与王者荣耀推出联名款。五芳斋不拘泥于传统口味，研发了被称为“王炸三臭”的螺蛳粉粽子、榴莲粽子、臭豆腐粽子，与乐事、钟薛高合作推出咸蛋黄肉粽味的薯片、粽香味雪糕，受到了大批充满好奇心、热衷尝鲜的年轻人青睐。云南白药开启国潮戏剧节巡演，通过治愈系木偶舞台剧、口腔健康科普等趣味活动，让孩子们在轻松愉悦的氛围里获取口腔健康知识，提升口腔保健意识，深化了品牌的亲民度和好感度。

3. 创新消费场景，老字号拥抱新消费

在数字化时代，消费场景历经从固定到移动，从单一到多样，从单一的线下到线上＋线下，人们的消费需求也从单纯购买发展到对精神情感的深层次需求。品牌需要发掘自身核心价值，找到与用户沟通的符号和密码，从而实现场景创新，把握住新消费的机遇。

同仁堂瞄准当代新生消费群体“朋克养生”的消费理念，

将传统中医药精华和现代健康养生结合，推出枸杞拿铁、罗汉果美式等“药材”咖啡，成为年轻消费者追捧的新时尚。同仁堂的线下中药咖啡馆除了传统的问诊抓药外，还出售中药咖啡等养生食品，创造出一个全新的养生消费场景，重塑新一代消费群体对老字号品牌的刻板印象。其借助年轻人对“养生”的热情，将养生咖啡茶饮、养生零售药食材、老中医坐诊号脉等服务相结合，让低频“中药”生意变成了高频的“养生”消费。

汉口二厂是流行于20世纪七八十年代的饮料品牌，其将玻璃瓶装的成品汽水，衍生出现场自制调配饮品的消费场景。在汉口二厂的体验店中，消费者可以根据满满一墙的饮品配方自助调饮，DIY一杯符合个人口味的专属气泡水，再贴上印有黎黄陂路、江汉路、黄鹤楼等武汉地标的贴纸，一杯杯打上城市标签的国潮夏日特饮就这样“刷屏”了朋友圈，成为了新晋网红打卡地。

（五）“2022国货精品影响力指数”之绿色精品品牌

近年来，中国大力引导绿色消费，普及绿色消费理念，绿色低碳产品市场占有率大幅提升。绿色消费方式将逐步成为公众的自觉选择，绿色低碳产品有望成为市场主流。为实现上述美好目标，企业作为碳排放主体，是助力中国低碳转型的中坚力量。中国工业和信息化部等五部门发布的《数字化助力消费品工业“三品”行动方案》提出，推动数字化绿色化协同扩大绿色消费品供给。

为鼓励品牌积极参与、引领绿色消费，我们研究设置“绿色精品品牌”课题，聚焦消费品工业，力求在广泛的行业领域推选绿色标杆，旨在遴选出一批在绿色消费领域有积极行动和显著成就的中国影响力品牌。评估流程及主要评价标准如下。

（1）基于前述品牌影响力指数评价方法，初评入围一批影响力领先的品牌。

（2）在入围品牌中，以“绿色精品品牌”标准进行专项评估。三大标准包括绿色低碳产品、绿色制造水平、资源利用效率。

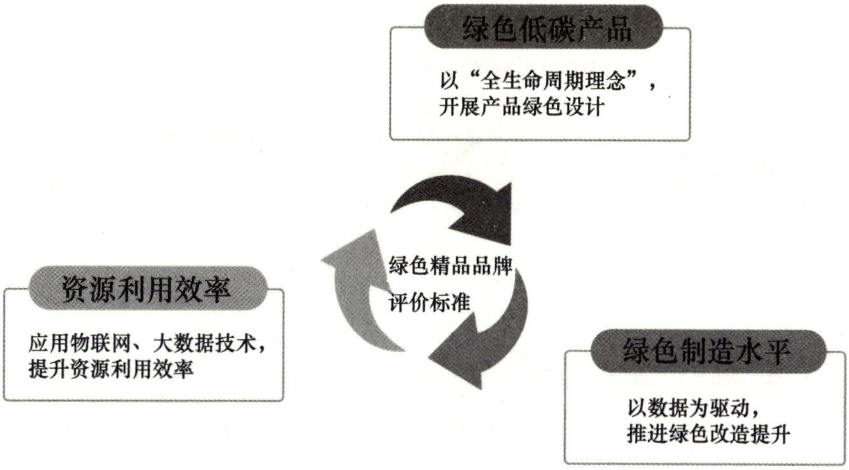

图2－3　绿色精品品牌评价标准

资料来源：笔者自制。

绿色低碳产品评价标准：按照全生命周期理念开展产品绿色设计，促进绿色低碳技术创新，加强绿色设计关键技术应用，提升绿色消费体验，提升资源环境效益。

绿色制造水平评价标准：以数据为驱动推进绿色改造提升，推广应用绿色工艺技术，推进能源管理体系建设，实现资源能源动态监测和优化管理。

资源利用效率评价标准：应用物联网、大数据和云计算等技术，对产品的生产消费和回收利用开展信息采集、数据分析和流向监测，提升资源利用效率。

基于前述品牌影响力指数评价体系，结合以上三大绿色评价标准，十个绿色精品品牌脱颖而出：华为、安踏体育、美的、蒙牛、海尔、联想控股、顾家家居、小鹏汽车、青岛啤酒、片仔癀。

图 2-4　标杆品牌推荐·绿色精品品牌

1. 品牌之表率，扩大绿色消费品供给

在“2030 年前实现碳达峰、2060 年前实现碳中和”目标的指引下，消费者的环保意识越来越强烈，绿色消费蔚然成风。为市场提供类别丰富、低碳环保的绿色消费品，是绿色精品品牌的重要行动。

绿色家电：美的通过 AI 节能关键技术，可实现沐浴用水精准恒温，节电 40%，单台电热水器每年节电 478.15 度；海尔智家基于环境因子变频控制技术，使太阳能和空气能同时工作，热水器节电能效达 80% 以上。

电子消费品：华为创新性提出三级节能措施，每台智能光猫每天的耗电量可低至 0. 37 度，与同规格普通光猫相比，每年可为用户节省 38. 5 度电。

新型原材料：顾家家居与国家级博士后科研工作站合作，积极研发新型材料，包括以水为唯一溶剂的全新生态皮、无醛添加的环保板材、无危废产生的耐磨硅胶牛皮。环保原材料的面市将带动大批绿色家具产品的供给。

优化生产工艺：联想独创的低温锡膏制造工艺，将印刷电路板组装工艺的能耗和碳排放量减少 35%，每年可减少二氧化碳排放约 6000 吨。片仔癀积极应用锅炉蒸汽冷凝水回收及工艺水回用，蒸汽冷凝水循环使用率达到 63%，年节水量约 8000 吨，年节约柴油耗量约 80 吨。

2. 品牌之担当，推动产业链绿色化

以集团战略推动上下游供应链的绿色执行标准，以数字化革新推动整个生态链的绿色化，是华为等行业领军企业的担当和行动。

华为在《绿色发展 2030》中提出，将围绕打造绿色 ICT 基础设施，加速可再生能源发展，使电力、工业、交通、建筑等行业节能减排。低碳化将驱动行业数字化渗透率提升 15%，80% 的数字基础设施使用可再生能源。

美的集团、蒙牛乳业均高度重视绿色采购体系，从环境保护、劳工权益、健康安全、商业道德、体系完备性等方面对供应商进行社会责任审查，积极引领行业上游供应商共建绿色工厂；开展碳排查工作，组织供应商进行碳排查、ESG 等方面的培训；牵引价值链上游供应商学习、转化、执行绿色战略，为实现国家“双碳”战略作贡献。

3. 品牌之引领，探索行业低碳模式

在绿色低碳的大主题下，不同行业之间的践行方式有较大差异。品牌企业领先探索的绿色低碳新方法、新模式，在各自行业内起到了标杆示范作用。

2021 年的一组联合国数据显示，纺织服装行业的总碳排放量超过所有国际航班和海运的排放量总和，占据全球碳排放量的 10%。中国品牌致力于减少碳排放量。旗下拥有多家知名品牌的安踏体育，从 2015 年开始连续 7 年发布 ESG 报告，从绿色产品设计、绿色物流、绿色生产等方面展开全流程绿色管理，持续加强碳排放管理，碳强度按年递减，由 2015 年的 5.53 吨二氧化碳当量减少至 2020 年的 2.63 吨二氧化碳当量。

从长远目标来看，大力发展新能源汽车是汽车行业减碳的有效措施之一。2021 年，小鹏汽车相较于传统汽油车，交付的电动汽车全生命周期减排二氧化碳约 100 万吨。光伏项目投产后，当年能源消耗密度同比下降 50%。

乳品行业从研发生产到零售终端的各环节都会产生温室气体，养殖活动碳排放量尤其巨大。蒙牛乳业在食品产业链减碳方面展开了积极探索：从上游，在乌兰布和沙漠种植了 9000 多万棵树木，打造出沙漠绿洲中的有机牧场；从下游，用数字化环保周转箱全面替代传统瓦楞纸箱，每年可减少树木砍伐206万棵，减少1680吨二氧化碳排放；在生产端，积极建设国家级绿色工厂，全面应用太阳能、沼气发电等可再生能源。

酒类及饮料行业是资源密集型产业，产业链覆盖农业、工业和服务业。青岛啤酒积极探索企业绿色发展新模式，“污水约定限值排放+热凝固物综合利用”项目成效显著，持续降低单位产出能源资源消耗和碳排放，每千升酒综合能耗同比降低15%，每年减少碳排放量达5000吨，为酒类行业推行该模式提供了可复制、可借鉴范式。[①]

① 本案中使用的相关研究数据及资料信息截至2022年7月。

第三章

2022 年文旅新媒体传播力指数

郑明军*

新媒体正在成为文旅行业的主流阵地，而不是辅助性媒体。目前，中国文化和旅游部直属单位政务新媒体认证账号有 215 个。所有省级文旅机构都开设了新媒体账号，包括微信、微博和抖音等。从 2022 年 1—6 月的平均数据看，省级文旅机构开设的微信公众号总阅读量超过 3120 万次，微博粉丝数超过 6472 万个，抖音号粉丝数超过 815 万个。各级文旅新媒体综合起来，覆盖人群数以亿计。

构建文化和旅游政务新媒体传播力指数评价体系，具有三方面的意义：一是评价作用，采用科学的评价指数体系，对文旅政务新媒体传播效果进行客观评价；二是导向作用，从过去强调流量转变为重视质量和效果，促进文化和旅游系统政务新媒体互动交流，充分发挥媒体融合效应；三是提供传播决策参

* 郑明军，文旅产业指数实验室舆情总监。

考，找出传播中存在的问题，通过直观的数据指导政务新媒体运维管理，为文旅政务新媒体传播影响力的提升提供支持。

本报告基于文旅产业指数实验室 2022 年 1—6 月的监测数据，重点对省级和市级文旅政务新媒体的传播力指数开展综合分析。

一　新媒体综合传播力指数评价体系

新媒体综合传播力指数是针对文化和旅游系统的政务新媒体账号在监测时间段内的各项基础传播数据进行计算，分析各个账号的传播影响力，即综合传播力指数。综合传播力指数评价维度由微信公众号传播力、微博传播力和抖音号传播力三个

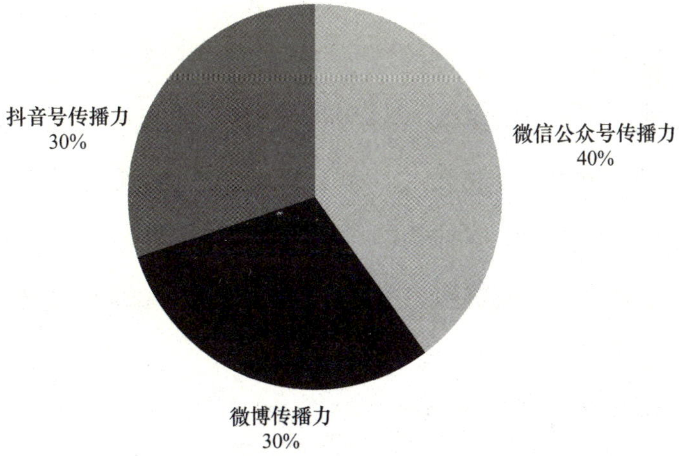

图 3－1　文旅政务新媒体综合传播力一级指标权重

资料来源：笔者自制。

一级指标构成。权重构成：微信公众号传播力占40%、微博传播力占30%、抖音号传播力占30%。

1. 微信公众号传播力指数

微信公众号传播力指数的评价维度包括整体传播力、篇均传播力、头条传播力和峰值传播力四个方面，这四个指标所占权重分别为30%、30%、30%和10%，衡量指标包括发布文章篇数（该公众号周期内发布文章的篇数）、总阅读数（该公众号周期内发布的所有文章阅读数总和）、头条阅读（该公众号周期内发布的头条文章阅读数总和）、总在看数（该公众号周期内所有文章在看数总和）等。

2. 微博传播力指数

微博传播力指数衡量指标包括总发微博数（该微博账号周期内所发微博数总和）、微博转发数（该微博账号周期内所发微博转发数总和）、评论数（该微博账号周期内所发微博的评论总量）、原创发博数（该微博账号周期内所发原创微博数总和）、原创微博转发数（该微博账号周期内所发原创微博转发数总和）、原创微博评论数（该微博账号周期内所发原创微博的评论总量）、点赞数（该微博账号周期内所发微博点赞数总和）等。

3. 抖音号传播力指数

文化和旅游政务抖音号传播力的评价数据和评价计算公式如下。

表 3－1　　文化和旅游政务抖音号传播力计算方法

抖音号传播力指数			
一级指标	二级指标	标准化	权重
发布指数（10%）	新增作品数 X1	ln（X1＋1）	100%
互动指数（76%）	点赞数 X2	ln（X2＋1）	17%
	评论数 X3	ln（X3＋1）	37%
	分享数 X4	ln（X4＋1）	46%
覆盖指数（14%）	新增粉丝数 X5	ln（X5＋1）	11%
	总粉丝数 X6	ln（X6＋1）	89%
DCI＝{0.10×ln（X1＋1）＋0.76×［0.17×ln（X2＋1）＋0.37×ln（X3＋1）＋0.46×ln（X4＋1）］＋0.14×［0.11×ln（X5＋1）＋0.89×ln（X6＋1）］}×100			

资料来源：笔者自制。

二　省级文旅政务新媒体传播力指数

基于对 2022 年上半年全国各省级文化和旅游部门的微信公众号传播力、微博传播力和抖音号传播力的综合评价，全国省级文化和旅游政务新媒体综合传播力比较突出的是山东省、江西省、四川省、福建省、新疆维吾尔自治区、河北省、广西壮族自治区、江苏省、湖北省、西藏自治区。

表 3－2　　全国省级文旅部门政务新媒体综合传播力

	地区
第一梯队	山东省、江西省、四川省、福建省、新疆维吾尔自治区、河北省、广西壮族自治区、江苏省、湖北省、西藏自治区

续表

	地区
第二梯队	河南省、重庆市、甘肃省、吉林省、北京市、浙江省、云南省、陕西省、宁夏回族自治区、海南省、安徽省、贵州省、青海省、山西省、上海市
第三梯队	湖南省、天津市、内蒙古自治区、黑龙江省、辽宁省、广东省

资料来源：笔者自制。

根据统计的十个地区的各个政务新媒体结果，政务微信公众号总共发文5119篇，10万+阅读量文章总共有18篇，总阅读量达到了1525万+次；政务微博总共发布博文29503条，原创微博26761条，总粉丝数有36961.6万个；政务抖音号发布视频2440个，总点赞数有773.5万次，总粉丝数有415万个。

1. 省级文旅政务微信公众号传播力指数

目前，所有省级文化和旅游部门都开通了政务微信公众号。文化和旅游政务微信公众号搭建起政府与民众沟通的桥梁，承担着政策解读、沟通民意、服务百姓等多重功能。2022年上半年，省级文化和旅游部门微信公众号传播力比较突出的有“好客山东之声”“湖北文旅之声”“乐游上海”“清新福建 文旅之声”“四川文旅厅”“水韵江苏　有你会更美”“新疆是个好地方”“河北旅游”“江西风景独好”“广西文化和旅游厅”。

表3－3　　全国省级文旅部门政务微信公众号传播力

	省级文旅政务微信公众号
第一梯队	“好客山东之声”“湖北文旅之声”“乐游上海”“清新福建 文旅之声”“四川文旅厅”“水韵江苏 有你会更美”“新疆是个好地方”“河北旅游”“江西风景独好”“广西文化和旅游厅”

续表

	省级文旅政务微信公众号
第二梯队	“悠游吉林”“重庆市文化和旅游发展委员会”“河南省文化和旅游厅”“文旅北京”“陕西省文化和旅游厅”“浙江省文化和旅游厅”“安徽文旅”“贵州省文化和旅游厅”“文旅湖南”“云南省文化和旅游厅”“中国西藏旅游”“微游甘肃”
第三梯队	“内蒙古自治区文化和旅游厅”“阳光海南网”“宁夏文化和旅游”“青海文旅”“山西省文化和旅游厅”“天津市文化和旅游局”“广东省文化和旅游厅”“美好辽宁文旅之声”“黑龙江省文化和旅游厅”

资料来源：笔者自制。

图3-2　江苏省文化和旅游厅政务公众号

2022年上半年，阅读总量超过100万次的微信公众号有27个,“乐游上海”“湖北文旅之声”都超过了200万次。平均阅读量最高的是“好客山东之声”，有9891次；排名第二的是“水韵江苏　有你会更美”，有5344次。获得点赞次数和在看次数最多的都是“水韵江苏　有你会更美”，分别是42408次、44331次；排名第二的都是“好客山东之声”，分别有36909次、39147次。

2. 省级文旅政务微博传播力指数

2022年上半年，全国省级文化和旅游部门微博账号传播力比较突出的是“文旅山东”“福建省文化和旅游厅”“陕西省文化和旅游厅”“四川文旅”“江西风景独好”“微游甘肃”“新疆是个好地方V”“广西文化和旅游厅”“江苏微旅游”“重庆市文化旅游委”。

表3-4　**全国省级文旅部门政务微博传播力**

	省级文旅政务微博
第一梯队	“文旅山东”“福建省文化和旅游厅”“陕西省文化和旅游厅”“四川文旅”“江西风景独好”“微游甘肃”“新疆是个好地方V”“广西文化和旅游厅”“江苏微旅游”“重庆市文化旅游委”
第二梯队	“河南省文化和旅游厅官方微博”“中国西藏旅游”“河北省文化和旅游厅”“乐游上海”“锦绣潇湘—文旅湖南”“宁夏旅游”“贵州省文化和旅游厅”“文旅北京”“云南省文化和旅游厅”“诗画浙江文旅资讯”“文旅天津”“湖北省文化和旅游厅”“海南省旅游和文化广电体育厅”“安徽文旅官微”
第三梯队	“黑龙江省文化和旅游厅”“吉林省文化和旅游厅”“山西省文化和旅游厅”“青海省文化和旅游厅”“内蒙古自治区文化和旅游厅”“美好辽宁文旅之声”“活力广东”

资料来源：笔者自制。

2022 年上半年，“文旅山东”发布的博文数量最多，有 6201 条，原创微博有 5989 条；“四川文旅”发布的博文数量排名第二，有 4553 条，原创微博有 4411 条；“陕西省文化和旅游厅”发布的博文数量排名第三，有 3856 条，原创微博有 3243 条。获得留言评论数量最多的是“文旅山东”，有 14.7 万条；排名第二的是“福建省文化和旅游厅”，有 53145 条；排名第三的是“四川文旅”，有 30407 条。点赞数最多的是“文旅山东”，有 22.7 万次；排名第二的是“福建省文化和旅游厅”，有

图 3－3　山东省文化和旅游厅政务微博

20万次；排名第三的是“陕西省文化和旅游厅”，有16.4万次。

3. 省级文旅政务抖音号传播力指数

2022年上半年，全国省级文化和旅游部门抖音号传播力比较突出的是“好客山东”“福建省文化和旅游厅”“四川文旅”“畅赏黑龙江”“悠游吉林”“中国西藏旅游”“云南省文化和旅游厅”“陕西旅游”“江西风景独好”“如意甘肃“。

表3-5　　全国省级文旅部门政务抖音号传播力

	省级文旅政务抖音号
第一梯队	“好客山东”“福建省文化和旅游厅”“四川文旅”“畅赏黑龙江”“悠游吉林”“中国西藏旅游”“云南省文化和旅游厅”“陕西旅游”“江西风景独好”“如意甘肃”
第二梯队	“阳光海南”“河北旅游”“水韵江苏”“新疆是个好地方”“河南省文化和旅游厅”“青海文旅”“神奇宁夏”“广西文化和旅游厅”“山西省文化和旅游厅官方账号”“文旅北京”
第三梯队	“重庆文旅”“安徽文旅”“乐游天津”“贵州省文化和旅游厅”“湖北文旅之声”“浙江省文化和旅游厅”“内蒙古文化和旅游厅”

资料来源：笔者自制。

截至2022年6月30日，全国省级文旅政务抖音号中粉丝数最多的是“好客山东”，有108.1万个；排名第二的是“阳光海南”，有87.9万个；排名第三的是“四川文旅”，有60.8万个。2022年上半年，发布视频数量最多的是“畅赏黑龙江”，有1447条；第二名是“河南省文化和旅游厅”，有813条；第三名是“悠游吉林”，有 504 条。获得点赞次数最多的是“好客山东”，有 215.5 万次；第二名是“畅赏黑龙江”，有 144.4 万次；第三名是“悠游吉林”，有 72.5 万次。

图 3-4　吉林省文化和旅游厅政务抖音号

三　市级文旅政务新媒体传播力指数

基于对 2022 年上半年全国市级文化和旅游部门微信公众号传播力、微博传播力和抖音号传播力的综合评价，全国市级文化和旅游政务新媒体综合传播力比较突出的有济南市、武汉市、洛阳市、福州市、青岛市、南宁市、甘孜州、三亚市、厦门市、长春市。

目前，333 个市级行政区域的文旅部门中，有 307 个地区开设了政务微信公众号，占比 92%，正常运营更新的有 276 个，占比 82%，共发布文章 114389 篇，阅读总量达 8366.7 万次，总点赞数为 154.7 万次；有 261 个地区开设了政务微博，占比 78%，正常运营更新的有 276 个，占比 60%，总共发布微博 168856 条，原创微博有 149828 条，总点赞数为 468.1 万次，总粉丝数有 7333.7 万个；有 233 个地区开设了政务抖音号，占比 69%，正常运营更新的有 217 个，占比 65%，共发布视频 19404 个，总点赞数为 1564.8 万次，总粉丝数有 1501.1 万个。

表 3－6　　　　全国市级文旅部门政务新媒体运营情况

	账号开通比例（%）	正常运营比例（%）	发布数量	点赞数量（万次）
微信公众号	92	82	114389	154.7
微博	78	60	168856	468.1
抖音号	69	65	19404	1564.8

资料来源：笔者自制。

1. 市级文旅政务微信公众号传播力指数

2022 年上半年，全国市级文化和旅游部门微信公众号传播力比较突出的是“武汉市文化和旅游局”“洛阳旅游”“滨州文旅局”“济南市文化和旅游局”“南京文旅”“遇见福州”“绍兴文旅发布”“多彩肇庆”“文旅日照”“佛山市文化广电旅游体育局”。

表 3－7　　部分市级文旅部门政务微信公众号传播数据

	文章总数	阅读总数	平均阅读数	在看总数	点赞总数	头条文章阅读量	头条文章在看数	头条文章点赞数
“武汉市文化和旅游局”	140	795 万＋	56784	15122	40162	795 万＋	15122	40162
“洛阳旅游”	579	732.8 万＋	12657	11320	22771	426.4 万＋	7218	14837
“滨州文旅局”	687	286.9 万＋	4177	3052	7492	166.8 万＋	1444	3925
“济南市文化和旅游局”	187	172.5 万＋	9222	3569	5612	171.4 万＋	3523	5551
“南京文旅”	434	201.8 万＋	4649	6550	14049	137.8 万＋	4139	8896
“遇见福州”	250	166.9 万＋	6674	3649	6292	149.5 万＋	3449	5955
“绍兴文旅发布”	537	167.2 万＋	3113	12294	15452	129.6 万＋	10104	12017
“多彩肇庆”	703	200.5 万＋	2852	2797	8004	128.1 万＋	1762	5079
“文旅日照”	429	156.5 万＋	3647	2621	5236	113.8 万＋	1577	3325
“佛山市文化广电旅游体育局”	510	149.3 万＋	2927	2320	4555	112.5 万＋	1548	3060

资料来源：笔者自制。

2022 年上半年，阅读总量超过 10 万次的市级文旅政务微信公众号有 144 个，“武汉市文化和旅游局”总阅读量最高，有 795.2 万次；排名第二的是“洛阳旅游”，有 732.8 万次；排名第三的是“滨州文旅局”，有 286.9 万次。平均阅读数最高的是“武汉市文化和旅游局”，有 56784 次；排名第二的是“洛阳旅游”，有 12657 次；排名第三的是“济南市文化和旅游局”，有

9222次。获得点赞次数最多的是“武汉市文化和旅游局”，有40162次；排名第二的是“洛阳旅游”，有22771次；排名第三的是“绍兴文旅发布”，有12294次。获得在看总数最多的是“武汉市文化和旅游局”，有15122次；排名第二的是“绍兴文旅发布”，有12294次；排名第三的是“洛阳旅游”，有11320次。

图3-5　武汉市文化和旅游局政务公众号

2. 市级文旅政务微博传播力指数

2022 年上半年，全国市级文化和旅游部门微博账号传播力比较突出的是“兰州文化旅游”“济南市文化和旅游局”“遇见福州”“武汉市文化和旅游局”“青岛市文化和旅游局”“西安文旅之声”“烟台市文化和旅游局”“甘孜文旅”“诗意宣城”“南京文旅”。

表 3－8　　部分市级文旅部门政务微博传播数据

	发博数	原创微博数	转发数	评论数	总点赞数	粉丝数
“兰州文化旅游”	7451	7278	19.7 万＋	71.6 万＋	29.2 万＋	83.9 万＋
“济南市文化和旅游局”	6140	6051	14.4 万＋	17.1 万＋	35.1 万＋	135 万＋
“遇见福州”	3332	3156	17.4 万＋	75139	46.7 万＋	773 万＋
“武汉市文化和旅游局”	3593	3544	72302	41625	21.9 万＋	214.6 万＋
“青岛市文化和旅游局”	7631	6772	28715	68131	27.1 万＋	556.7 万＋
“西安文旅之声”	4604	4432	97708	18832	11.6 万＋	154.6 万＋
“烟台市文化和旅游局”	4123	4114	2808	62157	61477	266.5 万＋
“甘孜文旅”	4293	4271	5804	27329	81171	30.6 万＋
“诗意宣城”	3180	1944	7718	23715	50646	28039
“南京文旅”	2233	2198	25874	5689	24294	94.4 万＋

2022 年上半年，“青岛市文化和旅游局”发布的博文数量最多，有 7631 条，原创微博有 6772 条；“兰州文化旅游”发布的

博文数量排名第二，有7451条，原创微博有7278条；“济南市文化和旅游局”发布的博文数量排名第三，有6140条，原创微博有6051条。获得留言评论数量最多的是“兰州文化旅游”，有71.6万条；排名第二的是“济南市文化和旅游局”，有17.1万条；排名第三的是“遇见福州”，有7.5万条。点赞数最高的是“遇见福州”，有46.7万次；排名第二的是“济南市文化和旅游局”，有35.1万次；排名第三的是“兰州文化旅游”，有29.2万次。

图3－6 济南市文化和旅游局政务微博

3. 市级文旅政务抖音号传播力指数

2022 年上半年，全国市级文化和旅游部门抖音号传播力比较突出的是“济南市文化和旅游局”“青岛市文化和旅游局”“文旅聊城”“悠游桂林”“遇见福州”“滨州文化旅游”“大理文旅”“武汉市文化和旅游局”“唐山文化旅游”“你好三亚”。

表 3－9　　部分市级文旅部门政务抖音号传播数据

	作品数	粉丝总数	点赞数	转发数	评论数
“济南市文化和旅游局”	440	34.7 万＋	189.5 万＋	23.3 万＋	92409
“青岛市文化和旅游局”	249	47.7 万＋	134.4 万＋	17.3 万＋	59993
“文旅聊城”	349	14.4 万＋	156.9 万＋	15.7 万＋	41501
“悠游桂林”	353	47325	72 万＋	12.2 万＋	93026
“遇见福州”	213	45.8 万＋	40.1 万＋	84838	16267
“滨州文化旅游”	163	25.2 万＋	67.7 万＋	36403	30553
“大理文旅”	388	11.1 万＋	16.8 万＋	43412	22861
“武汉市文化和旅游局”	151	23.5 万＋	18.1 万＋	41092	16177
“唐山文化旅游”	190	11 万＋	97796	48667	18645
“你好三亚”	48	102.4 万＋	25.4 万＋	15846	16823

截至 2022 年 6 月 30 日，全国市级文旅政务抖音号中粉丝数最多的是“你好三亚”，有 102.4 万个；排名第二的是“青岛市文化和旅游局”，有 47.7 万个；排名第三的是“遇见福州”，有

45.8 万个。超过 10 万个粉丝的抖音号总共有 43 个。发布视频数量最多的是“太原市文化和旅游局”，有 469 条；第二名是“济南市文化和旅游局”，有 440 条；第三名是“十堰文旅”，有 427 条。获得点赞次数最多的是“济南市文化和旅游局”，有 189.5 万次；第二名是“文旅聊城”，有 156.9 万次；第三名是“青岛市文化和旅游局”，有 134.4 万次。

第四章

2022年中国研学旅游影响力指数

张　曦*

研学旅游自2012年开始起步和探索，在2016年进入快速发展阶段，至2022年呈现多样化趋势。关于“研学旅游”的概念也在不断发展演化，包括狭义和广义两类。

狭义的研学旅游是发展前期的主要形态，一般称之为研学旅行，是由教育部门和学校有计划地组织安排，以中小学生为主体对象，通过集体旅行、集中食宿，以提升学生素质能力为目的，依托研学基地和营地载体，开展研究性学习和旅行体验相结合的校外教育活动，是衔接学校教育和校外教育的创新形式。

广义的研学旅游则包括了各类学生群体参加的，以开阔眼界、增长学识为目的的旅游活动。它不限定学生的范围（包括中小学生、大学生、研究生等），限定组织方（包括家长组织、

---

* 张曦，世研智库首席专家。

自行组织等），不限定出行时间（寒暑假期间等）。

研学旅游的参与主体包括专业研学机构、旅行社（开辟专线或者独立运营团队的旅行社）、语言培训机构、相关基（营）地、亲子教育机构、教育中介机构和教育行政部门下属的单位。其中，研学旅行基（营）地是实施研学旅游的重要载体，是实现研学实践教育目标的重要依托。一个地区中小学生的数量决定了该地区开展研学旅游的规模，而研学旅游基（营）地的质量和数量相当程度上决定了该地区研学旅游的教育水平和承载能力。

研学旅行基地一般是以实践育人为目标，结合域情、校情、生情，依托自然资源、人文资源、社会资源（如旅游景点、生态保护区、综合实践基地、博物馆、纪念馆、大型公共设施、知名院校、工矿企业、科研机构等），建设的一批安全适宜的中小学生研学场所。营地教育是一种在营地或基地以集体生活、学习为形式，面向青少年群体，通过一系列专业课程内容，在导师/辅导员的引导下，为孩子们带来趣味性、创造性和有教育意义的持续体验，促进每一位孩子身心健康成长。

随着研学旅行市场的快速发展，研学旅行指导师逐渐兴起，他们负责学生在研学旅行过程中的教育及安全，帮助学生在研学旅途中获得有益的学习经验。2022 年 6 月，人力资源和社会保障部向社会公示了 18 个新职业的信息。其中，研学旅行指导师拟纳入新版国家职业分类大典。研学旅行指导师是指策划、制订、实施研学旅行方案，组织、指导开展研学体验活动的人员，主要工作任务：收集研学受众需求和研学资源等信息；开发研学活动项目；编制研学活动方案和实施计划；解读研学活动方案，检查参与者的准备情况；组织、协调、指导研学活动项目的开展，保障安全；收集、记录、分析、反馈相关信息等。

一　中国研学旅游的发展历程与展望

（一）发展历程

1. 研学旅游起步阶段（2012—2016 年）

2012 年年底，中国开始开展研学旅游的试点工作；2013 年 2 月，国务院办公厅印发《国民旅游休闲纲要（2013—2020 年）》，该纲要提出要“逐步推行中小学生研学旅行”的设想；2014 年 8 月，《国务院关于促进旅游业改革发展的若干意见》中首次明确了“研学旅行”要纳入中小学生日常教育范畴。

2. 研学旅游快速发展阶段（2016—2021 年）

2016 年，教育部等部门正式发布《关于推进中小学生研学旅行的意见》，指出中小学生研学旅行是由教育部门和学校有计划地组织安排，通过集体旅行、集中食宿方式开展的研究性学习和旅行体验相结合的校外教育活动，是学校教育和校外教育衔接的创新形式，是教育教学的重要内容，是综合实践育人的有效途径。随后，关于研学旅行，原国家旅游局针对人员配置、产品分类、服务改进、安全管理、收费管理等提出了一系列明确的要求，研学旅行机构或学校根据要求查漏补缺，及时调整。

3. 开启多样化发展阶段（2022 年至今）

近年来，研学旅游受到社会各界的广泛重视，研学旅游形态日益多样化。学生集体参与的冬/夏令营模式持续升温的同时，形式多样的亲子研学旅游因其参与灵活度更高，有望后来居上成为研学旅游的主体。在自然、文化、科技等共同作用下，研学课程的主题设计呈现多元化细分趋势，地区资源优势与创新相结合，“旅游资源的独特性”与“研学设计的先进性”相融合的研学旅游产品将脱颖而出，成为亲子研学旅游消费者的热门之选。

（二）现状与挑战

研学旅游随着国家相关政策的不断支持，已经取得了非常大的进展，研学旅游必将成为中国未来很长一段时间当中的重点旅游增长点。

和国外的研学旅行相比，中国当前开展的研学旅行活动具有很强的政府主导性。

（1）研学旅行活动参与主体为初等教育阶段和中等教育阶段的小学生、中学生和高中生。

（2）根据有关研学旅行的界定，研学旅行活动由教育部门和学校进行组织，旅行社只是接受学校委托、处于协助地位的承办方。

（3）结合不同年龄段中小学生认知能力的不同以及保障出行安全的需要，研学旅行小学阶段强调以乡土乡情研学为主、初中阶段强调以县情市情研学为主、高中阶段强调以省情国情研学为主。

（4）研学旅行在小学、初中、高中三个教育阶段各实施一次，原则上小学阶段为 2 天 1 夜，初中阶段为 3 天 2 夜，高中阶段为 4 天 3 夜。

（5）强调研学旅行的教学课程性质，各学校根据相关规定及本校实际情况可以自主开发和组织实践，一般在日常教学时间开展。

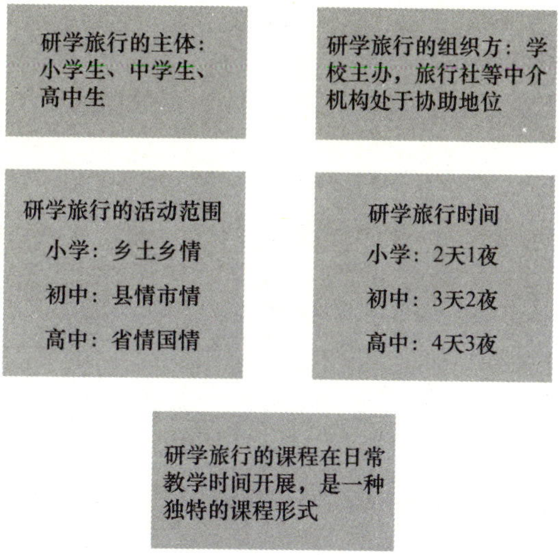

图 4 – 1　中国研学旅行的主要特色

资料来源：笔者自制。

按产品类型划分，研学旅行可分为游学式和营地式两类。

（1）游学式研学旅行在旅行中开展各类益智和科普活动，场所位置不固定，多在博物馆、天文馆、风景名胜等著名景点以及知名高校等地，配合特定的实践课程实现教育目的。

（2）营地式研学旅行开展于固定场所，以野外生存、体育运动、动手实践、艺术体验为主题，培养学生的综合素质，锻炼社交能力，增强体质。

近年来，研学旅行行业市场主体数量呈井喷式增长的态势。2019 年，新注册企业数量达到了峰值，接近 14000 家。2020 年，受新冠疫情冲击，新注册企业数量有所下滑，但依然高达近万家。旅行社、教育机构、咨询机构以及一些非营利组织都争相挤占研学旅行市场，目前市场玩家众多，良莠不齐，高度分散，竞争激烈。

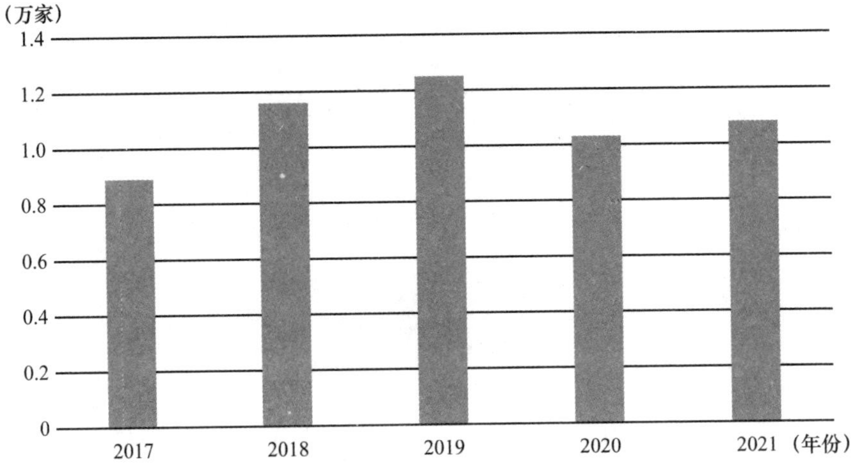

图 4－2　2017—2021 年中国研学旅行机构数量

资料来源：笔者绘制。

研学旅行近几年发展速度惊人，2021 年国内研学旅行人数达到了 798 万人次。

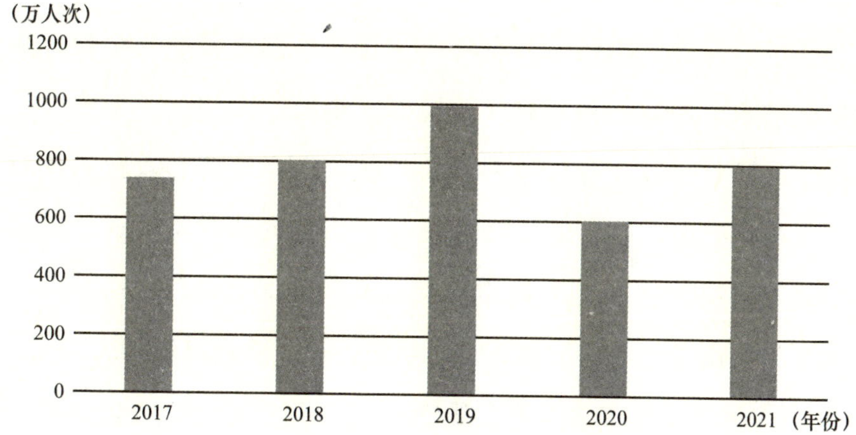

图 4-3　2017—2021 年中国研学旅行需求情况

资料来源：笔者绘制。

目前，中国研学旅行存在的问题与挑战主要有以下三个方面。

1. 学生安全隐患突出

出行安全问题是中小学生开展研学旅行活动中最重要也是最受关注的影响因素。中小学生尚未成年，自我安全意识和自我保护能力薄弱，在户外尤其是不熟悉的区域开展研学旅行，接触到的危险源和突发情况也相应增多，大大增加了带队老师安全监管的难度，这成为研学旅行实践中最大的风险隐患。因此，如何落实中小学生研学旅行的安全保障、健全安全管理措施，是当前教育部门和学校面临的一大难题。

2. 研学旅行产品不足

研学旅行产品作为研学旅行的核心元素之一，广义定义包括前期课程设计—中期课程执行—后期课程服务。产品内容上，要在难度设置、各环节教育功能链接、外部环境的安全性、突发事件的预判等方面全面统筹规划。而当前一些企业将传统旅游产品简单变形“升级”为研学产品，未将旅游和教育的核心要素进行融合，用较低价格来撬动不成熟的研学市场，让对研学旅行认知度本身就不高的学校、家长更难选择，直接冲击了研学旅行市场，进而导致真正研学旅行产品落地难度加大。

3. 研学旅行监管机制不健全

目前，相关机构尚未建立严格的研学旅行市场准入制度，研学团队对接旅行社的门槛低，为后续的有效监管增加难度。部门监管合力不足，教育、文旅、公安、交通、市场监管、应急管理、消防等职能部门还未建立协调联动机制，在规范服务、投诉处理、质量评估等方面的监管服务还不到位。此外，学校对于研学旅行效果缺乏评估标准。

（三）发展与展望

截至2020年8月末，全国中小学生研学实践教育基地超过1600个，全国中小学生研学实践教育营地有177个。各类市场化运营的基地和营地数量正在快速增长，新冠疫情期间仍然有很多基（营）地的建设在推进。

随着相关政策的不断出台，中国对研学旅行行业发展的支持力度也不断加大，研学旅行将逐渐成为刚性需求，未来3—5年中国研学旅行的学校渗透率或将迅速提升。

目前，全国在校中小学生规模接近 2 亿人，考虑到中国人均教育文化娱乐消费支出占全国居民人均消费支出的比例已接近 10%，研学旅行显然是一个需求庞大的市场。目前，每年参加游学、夏令营的中小学人数约为 1000 万人，渗透率在 5% 左右；未来很长时间将维持一个较高的增长率，研学旅行市场总体规模将突破千亿元。

从广义的游学旅游看，亲子游市场也是其中重要的组成部分。家庭亲子结伴旅游的方式逐渐常态化，中产阶级崛起、旅游消费升级、二孩政策开放的叠加效应更是催生出庞大的亲子游市场。此外，大学生群体也是研学旅游的重要群体。

二　全国城市研学旅游目的地影响力

2022 年 7 月，世研指数在全面调研的基础上，基于旅游影响力评价指数体系的评价方法，评选出研学旅游目的地城市影响力 Top10，其排序为北京市、上海市、广州市、苏州市、杭州市、西安市、武汉市、曲阜市、黄山市、三亚市。

1. 北京市

北京是全球拥有世界遗产最多的城市，是全球首个拥有世界地质公园的首都城市。北京对外开放的旅游景点达 200 多处，有世界上最大的皇宫紫禁城、祭天神庙天坛、皇家园林北海公园、颐和园和圆明园，还有八达岭长城、慕田峪长城以及世界上最大的四合院恭王府等名胜古迹。北京市海淀区于 2016 年荣

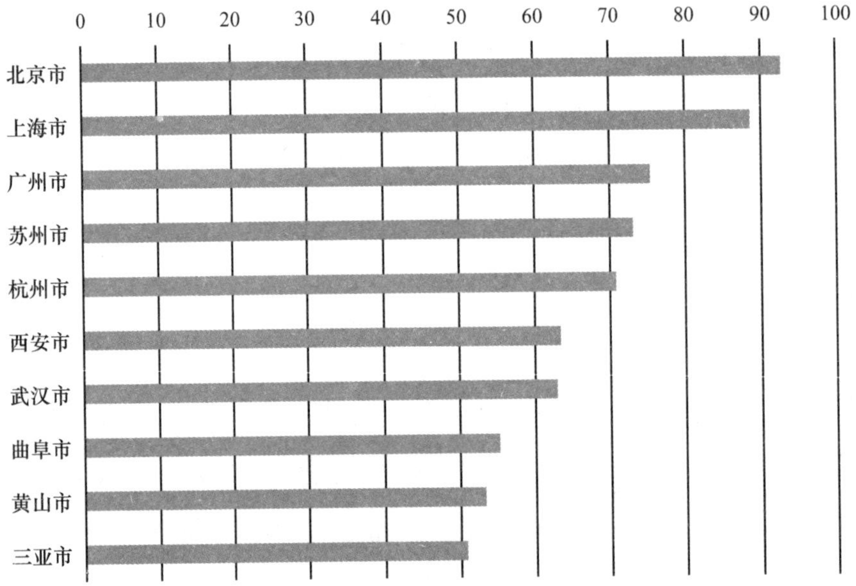

图4-4　2022年研学旅游目的地城市影响力 Top10

资料来源：笔者自制。

获首批中国研学旅游目的地城市，国家博物馆、故宫博物院及全国著名高校是北京最独特的研学旅游资源。

除此之外，北京红色文化底蕴深厚，红色资源丰富多样。例如，平北抗战红色爱国主义教育基地是怀柔县域内第一个中共县委组织领导机构，也是平北地区第一个中共县级组织领导机构，这里曾创建了怀柔地区第一支县级地方武装——滦昌怀游击队。该基地2021年3月29日被北京市文物局列为北京市第一批不可移动革命文物名录。

2. 上海市

上海市拥有深厚的文化底蕴和众多的历史古迹，也是国际化水平最高的大都会，其地标建筑——外滩、新天地以及一江之隔的东方明珠、金茂大厦和环球金融中心等是独具特色的研学旅游资源。上海市是国家最早进行研学旅行试点的地区之一，拥有数十个教育部认证的“全国中小学生研学实践教育基地”。

上海纪念馆资源丰富，拥有上海四行仓库抗战纪念馆、中国共产党第一次全国代表大会会址纪念馆、龙华烈士纪念馆、上海鲁迅纪念馆等，还拥有众多的科学博物馆、自然博物馆、历史博物馆。因此，上海开展的主题活动也多种多样，包括红色教育、创新科技、人文艺术等各个方面。

3. 广州市

广州市是首批国家历史文化名城。2021 年，广州市教育局认定了广州市第一批 42 个中小学生研学实践教育基地和 3 个营地，涵盖国防科工、自然生态、优秀传统文化、国情教育、革命传统教育、劳动教育六大板块。同时，积极推进穗港澳青少年的互动交流，选取了 15 个基地作为广州市首批港澳青少年研学实践教育基地。这些研学基地深入融合地区文化内涵，对标中小学校的素质教育要求，设计独特的研学体验和课程产品，使研学实践教育充满特色。

广州市充分利用其所拥有的丰富独特的自然风貌、历史文化遗产、创新创意文化、爱国主义教育基地，旨在促进学校课堂教育和校外研究性实践教育相结合，引导学生从课堂走向校外，近距离触摸历史、感知自然、体悟劳动、陶冶情操，进一步促进中华民族优秀传统文化的教育与传承，培育和践行社会主义核心价值观。

4. 苏州市

苏州市有近2500年的历史，位于长三角地区，地理位置优越，京杭大运河贯穿苏州市境内，是吴文化的重要发祥地之一。苏州市是“旅游＋教育”理念的先行者，苏州园林发展的亲子研学旅游，通过《跟着书本去旅行》对苏州园林的知识普及，为孩子们“边走边学”的旅行方式接入新的入口。苏州市拥有300多个城市旅游景点，形成风格各异的22条完整旅游路线和150多个旅游区。研学内容结合园林、古镇、非遗、人文、古迹、工艺等多种元素，开创传统文化、传统工艺、励志高校、近代科普、军事爱国、素质体能、自然生态等主题。

5. 杭州市

杭州市人文古迹众多，杭州市西湖风景名胜区被评为国家5A级旅游景区。杭州市西湖文化景观正式被列入《世界遗产名录》，其周边有大量的自然及人文景观遗迹，具有代表性的如西湖文化、良渚文化、丝绸文化、茶文化。2022年，杭州市教育局、杭州市文化广电旅游局公布了30个市级优秀基（营）地包括杭州宋城景区、中国湿地博物馆、天目山风景区等。2022年5月，杭州市公布了包括凤山怀古、天目寻宋、精忠报国、藕花无数等20条“宋韵精品研学线路”，以充分展现杭州市宋韵文化资源价值和内涵，打造南宋文化品牌。

6. 西安市

西安市是首批中国优秀旅游城市，文化遗产具有资源密度大、保存好、级别高的特点。早在 2013 年，西安市就被确定为首批研学旅行试点城市，并取得一定的进展。2020 年，西安市教育局正式公布了首批西安市中小学生研学旅行实践教育基地名单，全市共有 20 家上榜，包括大唐芙蓉园景区、陕西省西安植物园、西安城墙、终南山鼓楼观景区、西安博物馆、西安世博园等。

西安市目前拥有各类博物馆 159 座，其中西安市文物局推出了 20 余家博物馆、60 余项适合中小学生特点需求的展览课程和研学活动，主要包括举办科普讲座、小小讲解员、文物考古和修复师、亲子体验互动教育等多种形式。

7. 武汉市

武汉市是国家历史文化名城，楚文化的重要发祥地，有多个国家级旅游景区，包括黄鹤楼公园、黄陂木兰文化生态旅游区、辛亥革命博物馆、木兰水镇、东湖景区等。2021 年，武汉市公布了首批中小学生研学旅行基（营）地名单，其中包括武汉规划展览馆、中南财经政法大学货币博物馆、武汉市农业科学院等 34 家研学基地，中国科学院武汉植物园、农耕年华研学基地园等 6 家研学营地以及云旗航空运动发展有限公司、木兰云雾山和花海乐园 3 家研学旅行基（营）地。

2022 年，武汉市光谷有田劳动教育实践基地、凡华生态农业园等 9 家单位入围第一批中小学生劳动教育实践基地，武汉市园博园、武汉木兰少年研学营地等 4 家单位入围第二批中小学生研学实践基地，武汉市严西湖青少年实践教育营地等 3 家单位入围第二批中小学生研学实践营地。武汉市各中小学校根据当地实际，积极把劳动教育和研学实践纳入学校教育教学计划中。

8. 曲阜市

曲阜市是孔子的故乡，是黄帝生地、神农故都、商殷故国、周汉鲁都，是东方文化重要的发祥地之一。“三孔”景区为国家5A级旅游景区。曲阜市充分发挥优秀传统文化资源优势，大力发展研学旅游产业，重点打造了尼山圣境、孔子博物馆、泗水阅湖尚儒研学基地等42家市级研学旅游示范基地。

2022年，曲阜市荣获首批中国研学旅游目的地称号，成为全国首批10个、山东省唯一入选城市，曲阜市“三孔”景区同时获得“全国研学旅游示范基地”称号。

9. 黄山市

黄山市古称徽州，既是徽商故里，又是徽文化的重要发祥地，新安画派、新安医学、徽派建筑、徽州四雕、徽派盆景等影响深远，徽剧是京剧的前身，徽菜是中国八大菜系之一。黄山市境内的黄山为世界自然与文化双遗产，皖南古村落西递、宏村为世界文化遗产。全市拥有4个国家级研学基地、22个省级研学基地、26个市级研学基地和20个市级研学旅游示范点，推出首批研学旅行接待示范酒店13家。黄山市有完善的市级研学旅行示范点评定标准，建立研学旅行管理机制。2021年，黄山市入选“2021研学旅行热门城市”。

10. 三亚市

三亚市是海南省风景名胜最多、中国热带海滨风景旅游资源富集的地区，自然研学资源以湿地、海滩、岩洞、热带植被为主，人文研学资源以红色革命纪念地、民族风情等资源为主。目前三亚市已有 30 家单位获得全国、省、市研学教育基地称号，其中，国家级研学基地 1 个；省级研学旅行实践教育基地 10 个，包括天涯海角游览区、红色娘子军演艺公园等；市级研学旅行实践教育基地 19 个，如蜈支洲岛旅游景区。

三　中国研学旅游的基地影响力

（一）研学基地基本情况

1. 资源类型

据不完全统计，研学基地大部分是以自然生态资源为依托，形成以自然教育为核心，带有运动拓展、传统文化、康养休闲等类型的主题课程。

研学基地是连接教育资源的重要枢纽。从行业思维来看，各类资源可以归纳为人、机构、场地三大类，研学基地在运营管理上应加强相关资源的开发、配置、整合和管理。在资源开发上，场地资源显得尤为重要，研学活动是把教室搬到户外的教育；在资源配置上，研学基地不能用旅游思维去配置资源，也不能只注重资产配置，要用高质量的研学内容去谋求合作、换取资源，通过资源的差异化寻求优势，打造基地优势与特色；在资源整合上，研学基地充分整合自然资源、历史资源、科技资源和红色资源等，以及机构之间的渠道资源、平台资源等，并采取区域联盟、相互合作的形式加强资源共享，丰富基地资源的链条；在资源管理上，应合理利用设备配套相应课程，合理布局活动区域，合理安排活动空间的人流动线，以便有效降低基地活动和基地运营过程中员工数量以及运营成本，把基地建设成功能完善、配套合理的教育综合体。

2. 运营能力

研学基地的运行需要建立明确的运营架构体系，要制定课程开发、导师培训、市场运营、风险管理、客服团队建设等各种不同的管理制度，包括《研学旅行指导教师安全培训计划》《研学旅行餐饮安全管理办法》《研学旅行住宿安全管理办法》《研学旅行乘车安全管理办法》《中小学生研学旅行安全须知》《研学旅行突发事件应急预案》等。同时，研学基地的制度管理应形成完整的操作流程，教育产品的方案及营地管理、督察等应走向规范和透明，以增强各管理部门协同合作的能力。

3. 面临的主要困难

研学基地的运营管理重点是对人的管理。具体来说，包括三个层面的含义。其一，以人为本的业务管理，即在管理过程中以人为出发点和中心，通过优化人力资源配置，激发和调动人的主动性、积极性、创造性，努力做到人尽其才，各尽所能，以实现人员与营地的共同发展。其二，以人为本的服务管理，即通过改进服务手段和服务内容广泛开展各类人性化服务，不断提高研学基地的服务质量和水平，满足学生对物理环境、服务水平、课程类型等方面的需求。其三，以人为本的目标管理，无论是课程、服务还是基地活动，都要突出以学生发展需要为宗旨，以学生身心安全健康为底线，以引导学生知识提升、素养培养、人格养成、强健体魄为归宿和导向。

（二）研学基地影响力

基于世研指数旅游品牌影响力评价指数体系的评价方法，2022 年 7 月评选出研学旅游基地影响力 Top10，其排序为中国国家博物馆、曲阜市“三孔”景区、苏州古典园林、敦煌莫高窟博物院、三星堆博物馆、秦始皇帝陵博物院、上海天文馆、广州长隆野生动物世界、海南分界洲岛、三峡大坝研学基地。

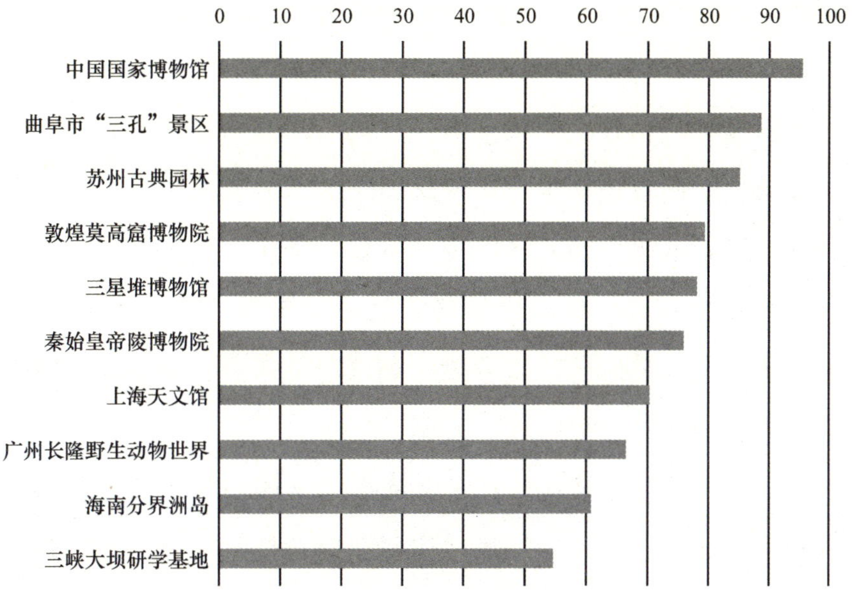

图 4－5　2022 年研学旅游基地影响力 Top10

1. 中国国家博物馆

中国国家博物馆是国家最高历史文化艺术殿堂和文化客厅，现有藏品数量140余万件，展示了中华五千年的文明，48个展厅涵盖古代文物、近现代文物、图书古籍善本、艺术品等多种门类。2017年12月，中国国家博物馆被评选为全国中小学生研学实践教育基地。基地研学课程有“稚趣博物馆”之俭以养德话扑满、“稚趣博物馆”之农耕渔猎话鱼米、古代服饰、古代瓷器等。2020年，《古代中国陈列》作为《寻找国家宝藏》研学活动的主线，陈列出远古时期、夏商西周时期、春秋战国时期、秦汉时期、三国两晋南北朝时期、隋唐五代时期、辽宋夏金元时期、明清时期共八个板块的珍贵藏品。

2. 曲阜市“三孔”景区

曲阜市“三孔”景区是首批全国重点文物保护单位、世界文化遗产，作为第一批中小学生研学实践教育基地，文化底蕴深厚，文物资源丰富，同时设计推出了多个主题鲜明、形式多样且符合研学实践教育宗旨的文化研学线路。以启航·知礼、行余·学文、学而·求索等为主题的研学线路，融合了景区参观、博物馆游览等特色研学实践项目。

曲阜孔庙、孔林和孔府入选首批“全国中学生研学实践教育基地”名单。“三孔”景区依托深厚的儒学文化底蕴，深度整合丰富的文物、文化资源，打造了祭孔朝圣、修身研学、“六艺”体验、《论语》背诵、古建技艺等文化教育项目，形成了一整套完备的儒家优秀传统文化研学体系，以中华优秀传统文化体验为主，以传统礼仪、实物体验、立体展示的形式，使学生通过礼、乐、射、御、书、数等实践，沉浸式感受中华优秀传统文化的博大精深。

3. 苏州古典园林

苏州古典园林亦称“苏州园林”，是位于江苏省苏州市的中国古典园林的总称。苏州古典园林所蕴含的中华哲学、历史、人文习俗是江南人文历史传统、地方风俗的一种象征和浓缩，展现了中国文化的精华。苏州园林研学系列具有五大特色课程，分别为拓碑·技、盆景·几、彩石·记、书法·集、园林建筑模型搭建。早在 1997 年，拙政园等九座苏州古典园林就先后被列入《世界遗产名录》，随着文化遗产和旅游产业的深度融合，研学体验活动如园林书法描红研学、苏州网师园园林模型制作研学、狮子林石头彩绘、留园“窗景如画”等，受到广大青少年的喜爱。

4. 敦煌莫高窟博物院

自公元 366 年，乐僔和尚在莫高窟开凿第一个洞窟，敦煌莫高窟千年来经历了改朝换代、兴衰更迭，如今成为宝贵的历史财产收藏在敦煌莫高窟博物院。敦煌莫高窟博物院共分三部分：第一部分为敦煌莫高窟藏经洞（即第 17 窟）文书；第二部分为汉、三国、晋、隋、唐等时期墓葬出土的文物，主要是石碑、石塔、陶盒、陶鼎、镇墓兽、莲花砖、麒麟砖等；第三部分为丝绸锦缎、绢、纱、罗等实物，给“丝绸之路”提供了充分的实物和参证。近年来，敦煌莫高窟推出了“莫高研学课程”

等一系列的特色服务，包括莫高学堂、世界遗产与青少年教育研学课程、念念敦煌、九色鹿星空、霓裳佛国·摇曳唐风、圆梦敦煌等。

5. 三星堆博物馆

三星堆博物馆是迄今在中国西南地区发现的范围最大、延续时间最长、文化内涵最丰富的古城、古国、古蜀文化遗址，也是第一批全国中小学生研学实践教育基地之一。三星堆210件古蜀国宝藏，填补了中国历史的空白，勾勒出灿烂的古蜀国文明。

6. 秦始皇帝陵博物院

秦始皇帝陵博物院由秦始皇帝陵遗址公园（陵冢、百戏俑坑陈列厅、文官俑坑陈列厅等）和秦始皇兵马俑博物馆等组成，素有“200步一个古物，500步一个古墓”的说法，被称为“世界八大奇迹”之一。秦始皇帝陵博物院于2022年4月被授予陕西省首批中小学生研学教育实践基地。

7. 上海天文馆

上海天文馆是全球最大的天文馆，主展区包括“家园”“宇宙”“征程”三部分，全景展现宇宙浩瀚图景，打造多感官探索之旅，帮助观众塑造完整的宇宙观。上海天文馆区域分散式地安排了“中华问天”（中国人的天文探索历程）、“好奇星球”（儿童乐园）、“航向火星”（科幻体验）等特色展区，以及星空探索营、陨石/创客实验室等教育活动区，还拥有四大专业级天文观测及天象演示设备，其中，65厘米自适应光学太阳望远镜

（EAST）可在白天实现太阳的多波段观测，展现高清晰度的太阳黑子、日珥、耀斑等影像。

8. 广州长隆野生动物世界

广州长隆野生动物世界以大规模野生动物种群放养、自驾车与缆车观赏动物为特色，被誉为中国规模最大、最具有国际水平的国家级野生动物世界。作为“广东省青少年科普教育基地”，长隆野生动物世界“动物科普、环境保护”的教育理念随处可见，野趣横生的动物科普大讲堂，寓教于乐的动物故事学堂，丰富多彩的动物学院科普课程，游玩的同时让学生切身感受到“爱护动物，保护环境”的理念。

9. 海南分界洲岛

海南分界洲岛是中国首家海岛型国家 5A 级景区，被称为浮在南海上的美丽遗世孤岛，有着明亮的海沙，湛蓝的大海，以及热带原始岛屿特有的地貌、稀有的海洋生物资源等。其独特的海岛文化成为国内知名的以海洋为主题的研学实践基地。2022 年，陵水县旅文局推出首批八条研学精品线路，分界洲岛入选两条精品线路的首站，线路分别是以“碧水蓝天，海蕴万千”为主题的海洋文化研学游、以“潜海踏浪，魅力无限”为主题的体育运动拓展研学游。

10. 三峡大坝研学基地

三峡大坝研学基地（长江三峡旅游管理区）是教育部评定的第一批全国中小学生研学实践教育基地，吸引了全国各地近 8 万名学生前来进行研学旅行并获得广泛好评。2021 年 9 月发布的“探鲟绿色三峡”研学产品，首次面向大众开放长江珍稀鱼类保育中心和长江珍稀植物研究所两家生态科研单位，为传统工业研学旅游基地注入生态环保的绿色元素。

四 总结与建议

(一) 顶层善谋划，政府发挥区域性战略引领作用

研学旅游自上而下的顶层谋划具有重要战略意义，有必要在政府部门主导下，在充分调研的基础上，制定切实可行的中长期战略。政府层面的规划包括区域性研学旅游发展的战略目标、品牌定位、关键策略等，以战略为核心，发挥政府统筹引领作用。

中国各地研学旅游的现状和潜力不同，包括但不限于：自然地理、人文历史等区位性资源存在天然差异，本地与周边的消费市场繁荣程度不同，地方旅游品牌影响力现状不同……基于此，各地方研学旅游的发展战略应因地制宜，结合研学旅游资源现状与潜力、区域发展整体规划、资金预算能力等因素，组建由政府主管单位、智库、投资机构等共同参与的专家团，从顶层进行战略性谋划。

制定行业规范、建立相关运行机制是推动行业可持续发展、持续升级的重要因素，要建立研学课程、研学基地、研学导师、研学机构、研学安全等系列规范与标准，在保证产品服务质量的基础上，优化研学旅游的产品研发、操作运营、安全保障、

师资培养、教学评价、接待规范等实施环节，形成全流程标准规范，共同推动行业标准规范的建立。

（二）产业链协同，推动顶层战略落地实施

研学旅游涉及的产业链很长，战略的切实落地实施需要官产学研各个领域的协调配合。有必要在政府统一的战略指导下，通过建立资源共享协作机制，逐渐推动研学旅游相关部门、产业、资源的进一步合作和联动。在确保合力聚焦战略前进方向的基础上，优化研学旅游的产品研发、操作运营、安全保障、服务规范、师资培养、教学评价等实施环节，形成全流程标准规范，共同推动行业标准规范的建立。通过产业链各环节的高效协同，将区域研学资源的效用最大化，才有可能将顶层战略落到实处，实现打造研学旅游影响力品牌的战略目的。

（三）高科技助力，构建研学旅游的核心竞争力

独特的自然环境、历史人文资源是各地区不可复制的旅游资源，但这些资源并不能自动转化为研学旅游的优势，需要高度重视科技因素的参与，以此构建研学旅游的核心竞争力。

元宇宙最有可能成为提升研学旅游品质的重要抓手。元宇宙融合了广义互联网、物联网、区块链、交互技术、人工智能、游戏六大科技动能，是一种全新的数字文明，能改变我们未来的生活。元宇宙虚实融合的特性与研学旅游有着天然的契合度，二者可以实现快速融合，应用场景非常广泛。

2022年，各地城市、互联网企业和高科技企业都在全力进军元宇宙。国内20个省市纷纷出台元宇宙产业政策，在元宇宙技术和应用上走在国际前列。政策引导与产业资源的支持，利于合力推进研学基地设施改造升级，增强观赏、体验和参与等功能，打造多样化、沉浸式、体验式研学场景。

（四）定制化服务，深入研究多样化客户需求

随着研学旅游的多元化发展，市场用户的需求将持续丰富和细分。市场参与主体需要更加深入地研究目标客户群体的特点与需求，研发本土化、多样化、个性化、定制化的研学旅游产品。

研学旅游可分为组织学生出行和亲子游家庭出行两大类，前者具有典型的“购买者与使用者分离”的特征，参与研学旅行的是孩子，购买决策者是家长，家长不参与旅行，无法亲身体验。亲子游家庭出行则具有带动性，一般会带动父母以及整个家庭一同出行，共同参与旅行活动，边游边教、寓教于游。购买者是使用方之一，可以共同体验旅游全程。

根据以上特征，研学旅游的服务方应建立系统性客户服务方案，对客户对象（家长/学生）、服务环节（售前/售中/售后）、产品结构（品牌传播/课程设计/中期反馈/后期口碑等）等各维度展开全方位、立体化的策划与实施，满足家庭决策者对研学旅游的品牌信赖、信息获取、安全监督、效果评估等关键需求，同时也为学生群体切实提供“寓教于游、增长见识、增进学识”的本质价值。

第五章

非物质文化遗产消费趋势

刘志明　李　淼[*]

非物质文化遗产（Intangible Cultural Heritage）（以下简称“非遗”），是指各族人民世代相传，并视为其文化遗产组成部分的各种传统文化表现形式，以及与传统文化表现形式相关的实物和场所。非物质文化遗产是一个国家和民族历史文化成就的重要标志，是优秀传统文化的重要组成部分。“非物质文化遗产”与“物质文化遗产”相对，合称“文化遗产”。

非遗是无时不在、无处不在的文化，因而可以与任何地方文化及产业联系起来。实践证明，只有将非遗技艺融入产品，进入当代人的日常生活，古老技艺才能得到良好传承。对一些具有市场潜能和开发价值，与消费者日常文化生活相关的非物质文化遗产项目，通过创新型产业化发展模式，以符合市场经

* 刘志明，中国社会科学院新闻与传播研究所研究员，舆论学研究室主任；李淼，阿里巴巴集团公共事务部总监。

济规律的商业模式进行开发，可以推动区域振兴、产业振兴和品牌振兴，使非遗和主流产业实现深度融合和可持续发展。

本报告是中国社会科学院舆情调查实验室、《中国旅游报》、阿里巴巴集团共同组建的文旅产业指数实验室的一项合作研究成果。本报告依托互联网平台数据及在线调研数据，全面分析非物质文化遗产消费的现状，并进一步探讨推动和促进非遗消费高质量发展的途径。

一　非物质文化遗产发展：从小众走向大众

（一）中国非物质文化遗产“画像”

1. 非物质文化遗产分类

在不同的国家，被纳入非物质文化遗产的项目并不完全相同，因为每个国家的民族、历史、文化乃至国情都不甚相同。因此，每个国家对于非物质文化遗产的具体分类并非完全一致。中国非物质文化遗产分为十大门类，分别为民间文学，传统音乐，传统舞蹈，传统戏剧，曲艺，传统体育、游艺与杂技，传统美术，传统技艺，传统医药，民俗。

按照非物质文化遗产认定机构的级别，又分为国家级、省级、市级、县级四类非物质文化遗产。国务院先后于 2006 年、2008 年、2011 年、2014 年和 2021 年公布了五批国家级项目名录（前三批名录名称为“国家级非物质文化遗产名录”，《中华人民共和国非物质文化遗产法》实施后，第四批名录名称改为

"国家级非物质文化遗产代表性项目名录"），共计1557个国家级非物质文化遗产代表性项目，包括3610个子项。其中，数量最多的是传统技艺类，有287项；数量最少的是传统医药类，有23项；其他类型的数量均为100—200项（见图5－1）。

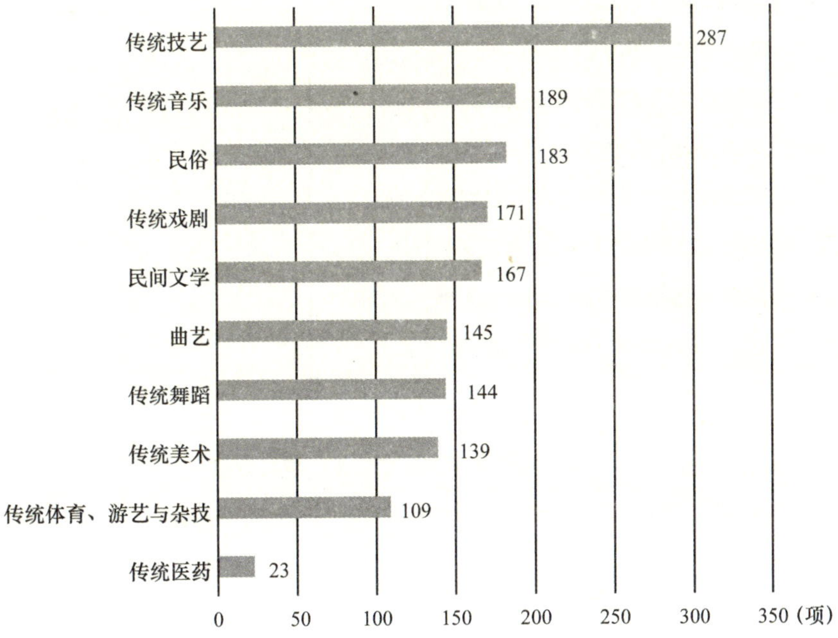

图5－1　国家级非物质文化遗产项目类型与数量

资料来源：笔者绘制。

2. 国家级非物质文化遗产项目的区域分布

以各省（自治区、直辖市）为单位，国家级非遗项目数量排名靠前的是浙江省、山东省、山西省、广东省、河北省、江苏省、贵州省、四川省、福建省、湖北省、云南省（福建省、湖北省、云南省并列），其非遗项目数量均超过145项。其中，浙江省非遗项目数量达到257项。

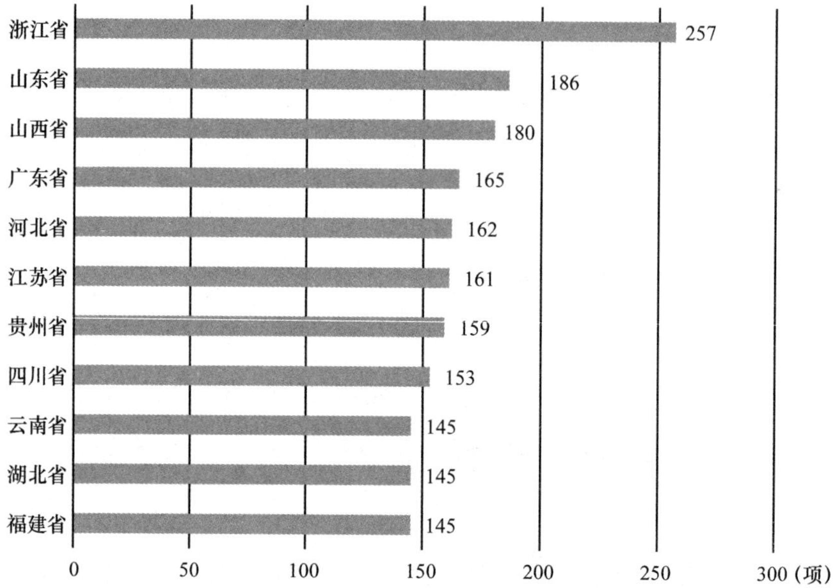

图5－2　国家级非物质文化遗产项目数量

资料来源：笔者绘制。

3. 非遗传承人

非物质文化遗产是以其传承人的实践活动为主要载体的"活"的文化形态。人是非物质文化遗产的主体，人的主体性体现为人的观念、人的行动、人的智慧、人的技能、人的知识、人的实践。没有人，就无所谓"非物质文化遗产"。各级非物质文化遗产代表性传承人不仅肩负着延续传统文脉的使命，彰显着非物质文化遗产实践能力的最高水平，还不断地将天才般的个性创造融入传承实践活动中，对确保非物质文化遗产的持久传承发挥着不可替代的作用。因此，保护代表性传承人是非物质文化遗产保护工作的重要内容。

2007 年、2008 年、2009 年、2012 年、2018 年，国家文化主管部门先后命名了五批国家级非物质文化遗产代表性项目的代表性传承人，共计 3068 人。

从非遗传承人按省份的分布来看，排在前 10 位的是浙江省、北京市、江苏省、山西省、河北省、福建省、广东省、河南省、云南省、湖南省。

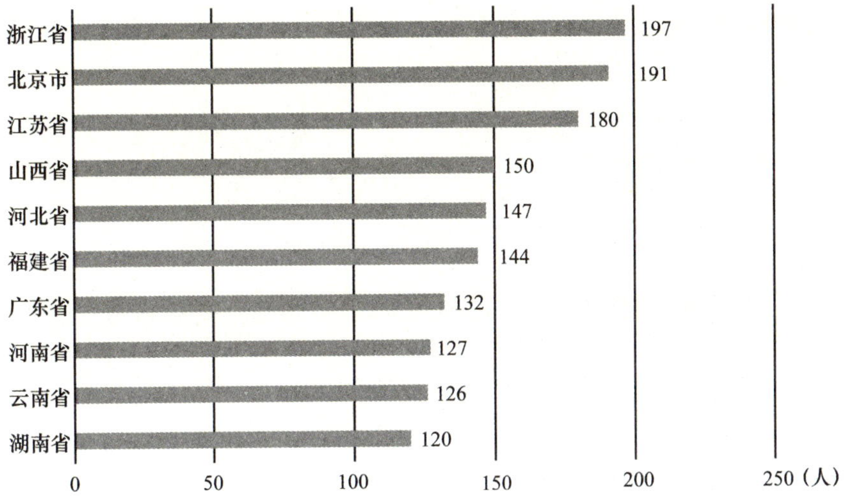

图 5－3　非物质文化遗产传承人数量

资料来源：笔者绘制。

从国家非遗传承人性别看，男性为 75.9%，女性为 24.1%，男性占绝对优势。但在有些领域，如传统戏剧，男性占六成，女性占四成，差距明显缩小。

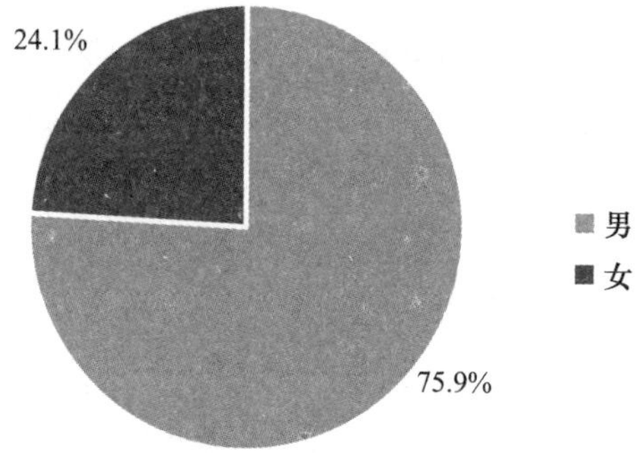

图5-4　非物质文化遗产传承人性别构成

资料来源：笔者绘制。

由于整个社会对非物质文化遗产的关注，在全社会的共同努力下，非物质文化遗产传承人队伍由过去的日渐缩小，如今已开始改观。随着社会的重视和培养方式的多样化，传承人队伍的壮大和兴旺发达是可以预期的。整个社会关注和尊重民族文化传统、关注和尊重非物质文化遗产、增强对非物质文化遗产的热爱，会为传承人队伍的扩大创造良好的社会环境。今后，非物质文化遗产的内容融入国民教育体系，必然会对非物质文化遗产保护工作起到很好的传播效用，同时，也会为传承人队伍的壮大输入后备力量。

（二）从小众到大众的非物质文化遗产消费

1. 快速增长的淘宝非遗消费

通过对淘宝天猫平台非遗消费数据的分析来看，过去三年，非遗消费实现数量和规模的快速增长。一是非遗消费供给的增加，淘宝上非遗店铺数量超过35000家；二是非遗商品销售的增长，过去两年淘宝非遗商品年成交额同比增长超过20%；三是消费人群规模的扩大，非遗商品消费者规模已经达到亿级，“85后”和“90后”成为非遗商品消费主力。

2. 非遗消费的区域差异

从非遗消费者数量的增幅看，领先的大多数是经济发展在中等水平或以下的地区，如湖北省、吉林省、辽宁省、广西壮族自治区和黑龙江省等。在淘宝天猫平台上，三线及以下城市的非遗消费者数量增长最快。

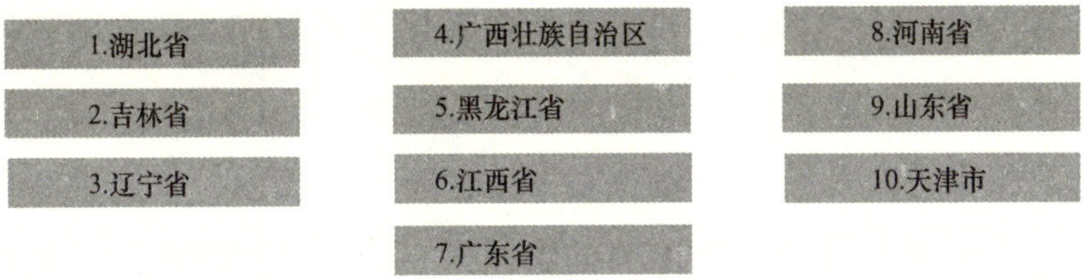

图5－5　非遗消费者数量同比增幅Top10

而从人均非遗支出来看，经济发达省份如福建省、广东省、北京市、上海市和一线城市增长最快。购买非遗商品正在成为一种潮流，非遗消费开始进入一个从冷门到热门、从小众消费到大众消费的全新发展阶段。

（三）“非遗热”的三个主要推动要素

1. 各级政府的积极推动举措

中国的非遗保护始于21世纪初，过去20多年，各级政府

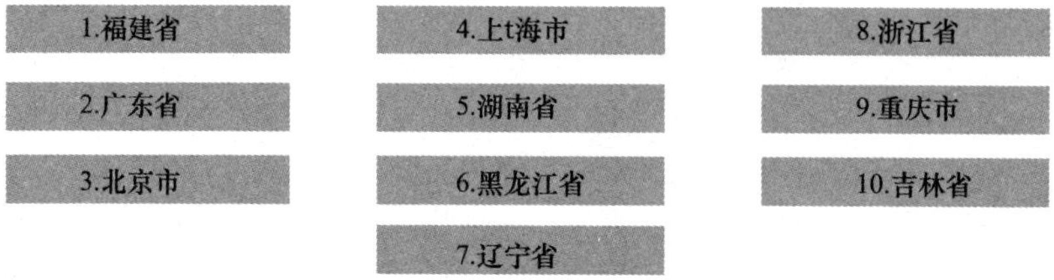

图5－6　非遗消费人均支出同比增幅 Top10

出台多项非遗传承保护的政策法规。2005 年，国务院办公厅出台了《关于加强我国非物质文化遗产保护工作的意见》；2006 年，国务院颁布了《第一批国家级非物质文化遗产名录》；2010 年颁布了《文化部关于加强国家级文化生态保护区建设的指导意见》；2011 年颁布了《中华人民共和国非物质文化遗产法》。

很多地方都设立了非物质文化遗产传习基地、文化生态保护区、非物质文化遗产传承人培训班，同时非遗进校园、非遗研学活动也在如火如荼地展开。

2020 年 6 月 13 日，文化和旅游部会同商务部、国务院扶贫办于 2020 年“文化和自然遗产日”联合举办首届“非遗购物节”。“非遗购物节”结合各地非遗资源特点，以网络平台开展为主，在线上线下同时开展丰富多彩、形式多样的非遗购物活动。据不完全统计，2020 年首届“非遗购物节”期间，全国各地共举办 3700 多项非遗宣传展示活动，有近 6500 家店铺参加，非遗产品种类达 8 万多种，涉及各级非遗项目约 4500 项。此次从国家层面举办“非遗购物节”，各大网络平台、非遗传承人、保护单位等积极响应。通过“非遗＋电商”“非遗＋旅游”“非遗+直播”的方式彻底改变以往博物馆展览受地域、时间等方面的条件限制，利用互联网拉近了非遗与人们的距离，这种跨界融合让非遗走入更多人的生活。“非遗购物节”再次提升了非遗市场的热度，为非遗产品带来了更大的经济价值空间。

2. 国货意识增强带来的新契机

国货意识是国民对本国所产货物正确评价、认同和推崇程度的观念反映。近年来，随着中国国民经济的发展和传统文化教育的普及，中国民众的文化自信不断增强，加之国货品质的日益提升，人们消费理念发生转变，“国潮”热的兴起为“非遗热”创造了良好环境。

其一是年轻一代消费意识的变化。随着经济快速发展和居民消费水平的提升，中国消费者更加看重性价比，对国货也有更强的偏好。国货根植于中国，设计理念和文化底蕴更加贴合中国人的消费习惯，更加契合国民消费理念转变的潮流。文化自信的提升和国货品牌的崛起，共同催生了“国潮”热的兴起，成为当前中国消费市场的重要趋势。

其二是国货品质的提升。传统的非遗生产方式都是一家一户、以一村一镇为代表的小农经济的生产方式。过去很多非遗项目的衰落是因为传统的生产方式中，产品不能标准化，制作成本高、价格高，质量无法统一，这些因素直接导致市场变小，无法进行品牌构建与宣传，最后被现代生产方式取代。目前，中国已成为世界制造业大国，随着产业不断迭代升级，中国产品的质量和品质也逐渐摆脱山寨、廉价、劣质的标签，很多产品走出国门、走向世界，消费者对国货的信任度越来越高。

3. 互联网平台带火“非遗热”

“非遗热”更重要和直接的推动因素是非遗与互联网平台，特别是直播的结合。这是因为通过互联网平台的力量，非遗传承人、商家可以与10亿消费者直接连接，打造爆款和网红产品，使过去非常分散和碎片化的非遗商品，通过直播可以更广泛、更精准地触达消费者。

过去一年，淘宝非遗直播场次达380万场，平均每天1万场以上，商家自播场次占8成；和两年前相比，开通淘宝直播的非遗店铺数量增长了115%，新开通淘宝直播的非遗店铺数量增长了32%。

二　淘宝非物质文化遗产店铺的高质量发展

（一）非遗淘宝商家的变化趋势

1. 非遗店铺入淘增长迅速

截至2021年6月30日，淘宝天猫平台上，非遗店铺数量超过35000家，较两年前增长接近32%（见图5－7）。其中一个重要变化就是，非遗商家正在从三线向二线和一线城市快速发展和聚集。两年来，二线城市超越三线及以下城市，成为淘宝非遗店铺数量最集中的区域。一线城市的淘宝非遗店铺数量增长最快，增速为42%。

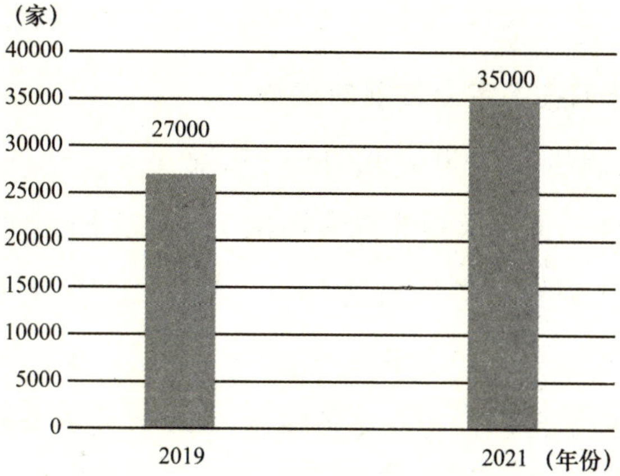

图5－7 淘宝非遗店铺数量的增加

3. 淘宝上出现了越来越多的女性非遗店主

和两年前相比，淘宝非遗店铺中，女性店主数量的增长超过了男性，增速为25%；淘宝皇冠及以上非遗店铺中，女性店主数量的增长超过了男性，增速为42%；年成交额超过100万元的淘宝非遗店铺中，女性店主数量的增长超过了男性，增速为38%。

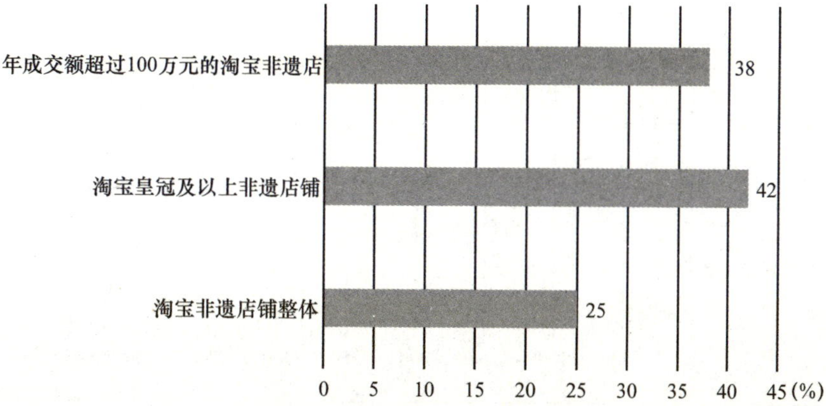

图5－8 淘宝非遗店铺中女性店主的增速

（二）非遗在淘宝上发展的质量

1. 成交额超过1000万元的非遗店铺

过去两年，淘宝天猫非遗店铺中，年成交额超过1000万元的店铺数量较两年前增长超过43%。其中，淘宝千万级非遗店铺数量是两年前的1.6倍多。

淘宝天猫平台上，年成交额超过1000万元的非遗店铺数量增幅排行中，广西壮族自治区增幅最大，达400%；接下来是天津市和吉林省；增幅超过60%的还有河南省、湖南省、山西省、重庆市、福建省、黑龙江省、北京市；重庆市是唯一进入前十的西部地区的省份。此外，新疆维吾尔自治区出现了第一家千万级的非遗店铺，甘肃省实现了从0到3的突破。

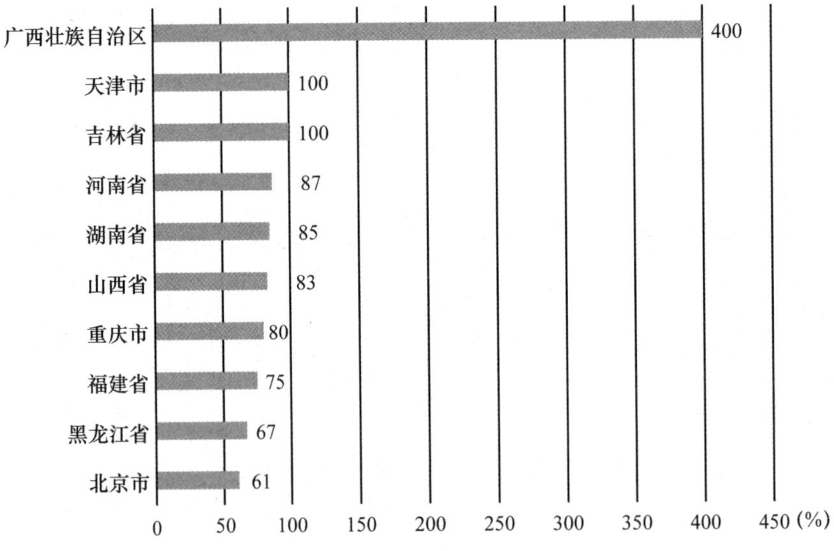

图5-9　年成交额超过1000万元的非遗店铺数量增幅

和两年前相比，一线城市中，淘宝天猫年成交额超过1000万元的非遗店铺数量增幅最快，接近56%。同时，二线城市是千万元成交额规模非遗店铺最集中的地区，在2021年占到了总量的52%。

2. 成交额超过100万元的非遗店铺

过去两年，淘宝天猫非遗店铺中，年成交额超过100万元的店铺数量较两年前增长超过42%；年成交额超过100万元的非遗店铺数量增幅排名中，前三位均来自西部地区。此外，宁夏回族自治区在2021年出现了第一家100万元成交额规模的非遗店铺。

二线城市中，淘宝天猫年成交额超过100万元的非遗店铺数量增长最快，接近47%。同时，二线城市也是百万元成交额规模非遗店铺最集中的地区，在2021年占到了总量的50%。

3. 淘宝非遗金冠店铺

在淘宝上，卖家好评超过500001笔，其店铺被称为金冠店铺。从过去两年来看，有4个省份的淘宝非遗金冠店铺数量增幅超过100%，其中，新疆维吾尔自治区为400%；西藏自治区、黑龙江省、海南省分别为100%（并列第二）。甘肃省的淘宝非遗金冠店铺数量增幅为54%，山西省为46%。此外，和两年前相比，一线城市的淘宝非遗金冠店铺数量增幅领跑其他地区。

4. 淘宝非遗皇冠店铺

淘宝非遗皇冠店铺数量较两年前增长超过37%。二线城市始终是皇冠及以上等级的淘宝非遗店铺最集中的区域；一线城市的淘宝皇冠及以上非遗店铺数量增长最快，增速为44%。有两个西部地区省份的淘宝非遗皇冠店铺数量增幅超过100%，其中，甘肃省为250%，青海省为100%。宁夏回族自治区的非遗皇冠店铺数量实现了从0到4的突破。

三　非物质文化遗产产业化助力区域振兴

（一）非物质文化遗产产业集群打造区域主干产业

1. 淘宝上有14个非遗产业集群年成交额超过1亿元

非遗产业集群是指在特定区域中具有竞争与合作关系，且在地理上集中，有交互关联性的同类型非遗企业、专业化供应商、服务供应商、金融机构、相关产业的厂商及其他相关机构等组成的群体。过去一年，淘宝上有14个非遗产业集群年成交额超过1亿元。

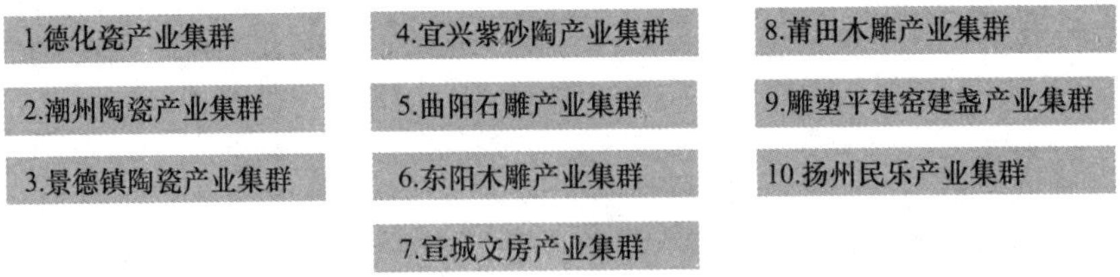

图5-10　成交规模较大的非遗产业集群 Top10

2. 德化陶瓷产业带

德化是千年古县、世界陶瓷之都，位于福建省中部、泉州市北部，县域面积为2232平方千米，户籍人口为34.9万人，辖18个乡镇、214个行政村（社区）。德化瓷烧制技艺历史悠久，兴于唐宋，盛于明清，技艺独特，至今传承未断。唐后期，德化陶瓷业已较发达，编纂了第一部陶瓷专著《陶业法》。宋元时代，德化瓷大量外销，成为当时“海上丝绸之路”的主要输出商品之一。至明代，德化瓷艺人何朝宗利用当地优质的高岭土，使用捏、塑、雕、刻、刮、接、贴等技法制作出精美的德化瓷塑，形成了独特的艺术风格，被誉为“中国白”。

2006年5月，德化瓷烧制技艺列入第一批国家级非物质文化遗产名录第八大类“传统手工技艺”项。近年来，为了保护好这一传统工艺技术，德化县不仅成立保护工程专家小组，还制定了德化瓷雕塑工艺民族民间文化传承人的认定标准，成立德化县民族民间文化保护工作研究会，特别重视相关人才的培养和发掘。现在，德化县有市级以上非物质文化遗产保护项目德化瓷烧制技艺代表性传承人30人。

德化现有陶瓷企业3000多家，从业人员10多万人，是全国最大的陶瓷工艺品生产和出口基地、国家级出口陶瓷质量安全示范区、全国最大的陶瓷茶具和花盆生产基地。目前，德化的产品80%用于出口，目的地有190多个国家和地区，德化企业能根据世界不同国家、民族的多元文化需求，研发、设计、生产各种各样的节庆礼品，成为世界最大的节庆礼品生产基地。德化瓷占据全国80%的网上茶具销售市场，拥有3个淘宝镇、13个淘宝村，是全国最大的陶瓷电子商务产业基地。

(二) 西部地区非物质文化遗产商家快速发展

2020年，西部地区商家出售的非遗相关产品的销售额达80亿元，同比增长超过30%，增速显著领先于东部和中部地区。和两年前相比，西部地区的淘宝天猫非遗店铺数量在增速前十的店铺中占据了6席。

西部地区淘宝商家的快速增长与各级部门的非遗扶贫举措和淘宝天猫等平台的扶持政策有直接关系。以甘肃省为例，文化和旅游部2018年将甘肃省临夏回族自治州临夏县和积石山县列为全国第一批“非遗+扶贫”重点支持地区。2019年该省建设各级各类非遗扶贫就业工坊106家，当年累计吸纳就业人口4700多人。在2020年“非遗购物节”期间，甘肃省相关非遗企业加入了淘宝613非遗传承人商家群，帮助48家省级以上非遗扶贫就业工坊在各大线上平台开设67家网店以销售产品。

从2020年销售额增速来看，甘肃省排第一位，销售额增速为175%；接下来的增幅排序为新疆维吾尔自治区、贵州省、西藏自治区，销售额增速分别为167%、153%、120%。

和2020年相比，淘宝天猫平台上，年成交额超过100万元的非遗店铺数量增幅排名中，前三位均来自西部地区。在千万级别的淘宝天猫非遗店铺中，新疆维吾尔自治区和甘肃省实现了零的突破；有两个西部地区省份的淘宝非遗皇冠店铺数量增幅超过100%。

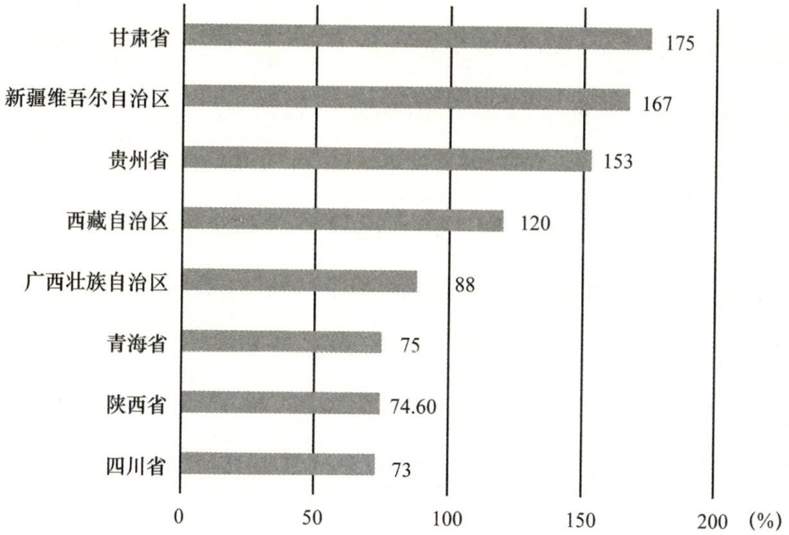

图 5-11 西部地区各省份淘宝天猫非遗店铺 2020 年销售额增速

1. 甘肃省

目前，甘肃省已建成完整的国家、省、市、县四级非遗名录体系，花儿、环县道情皮影戏、格萨（斯）尔 3 个项目入选联合国教科文组织人类非物质文化遗产代表作名录；有 83 项非物质文化遗产项目被国务院公布为国家级非物质文化遗产代表性项目；甘肃省人民政府公布四批累计 493 项省级代表性项目；全省各市（州）共公布 2107 项代表性项目（市州级）；各县（区）共公布 5241 项（县区级）代表性项目。全省认定 68 名国家级、617 名省级非遗代表性传承人，认定 3036 名市（州）级传承人、7814 名县（区）级传承人。

近年来，甘肃省广泛开展“非遗进校园”“非遗进景区”

“非遗购物节”等活动，力争让蕴藏在陇原大地上的2.7万余条非遗线索（项目）从“活起来”到“火起来”，绽放出更加迷人的光彩，融入人们的生产生活和旅游生活。

2. 贵州省

多民族聚居的贵州省，是活化的“非遗博物馆”。苗族飞歌、侗族大歌、布依族八音坐唱、锦鸡舞、蜡染、银饰等构成了“多彩贵州”的重要内涵。近年来，贵州省大力推动非遗保护传承，振兴传统工艺，推出“吃、玩、赏、购”非遗体验游、研学游、村寨游等新业态，促进非遗“活态传承”与乡村振兴。通过创意赋能，贵州的很多非遗技艺转变为特色产品，“出圈”的苗绣、精美的银饰、走在时尚前沿的蜡染、致富增收的竹编，均是其中的典范。

丹寨县拥有7项国家级、24项省级、100余项州县级非遗代表性项目，被誉为“中国非遗之乡”。近几年，丹寨万达小镇将当地非遗融入吃、住、行、游、购、娱全流程中。丹寨锦绣谷以乡镇合作社、村寨工坊以及系统的技能培训为途径，保护并提升苗族、侗族、瑶族、水族等民族的刺绣、蜡染、织布、造纸等传统工艺，并通过实体店+电子商务的方式，专注提升民族手工产品的品牌影响力，由此成为中国民族文创的代表性品牌。

诞生于凯里市的民族服装品牌“古阿新”，将中国传统文化、民族元素融入现代生活，受到游客喜爱。截至目前，该品牌在全国已拥有超过22家门店，遍布北京、上海、天津、成都等城市。

“贵银”品牌成立于 2018 年年初，是贵州本土的“文化 + 时尚”设计品牌，该品牌立足当地多元民族文化进行创意性和应用性设计，开发了兼具文化性、知识性和实用性的文创商品，受到众多游客青睐。该品牌店计划入驻梵净山、黄果树、镇远古城、万峰林等 10 家景区，让更多游客买到贵州银饰。

3. 西藏自治区

目前，西藏格萨尔、藏戏、藏医药浴法入选联合国人类非物质文化遗产代表作名录。拉萨堆绣唐卡等 106 个项目列入国家级非遗代表性项目名录，96 人被认定为国家级非遗代表性传承人。2006 年以来，国家投入超过 2 亿元、自治区投入近 9600 万元用于西藏的国家和自治区级非遗代表性项目保护、国家级代表性传承人抢救性记录、非遗传承人培训及扶持传承人开展传习活动等。

西藏从事唐卡绘制的人员已超过 3000 人，周边产业人员超过 1 万人，从业者遍布拉萨、日喀则、昌都、山南等地，全区唐卡年产值已突破 2 亿元。截至 2021 年第一季度末，全区 120 家非遗就业工坊直接带动 2271 户 3053 人就业，人均月收入达 3200 余元。

（三）非物质文化遗产助力乡村振兴

1. 非遗手工技艺助力脱贫攻坚

2018 年，文化和旅游部办公厅、国务院扶贫办综合司发布了《关于支持设立非遗扶贫就业工坊的通知》，提出充分依托传统工艺带动贫困劳动力就近就业和稳定增收的独特优势，发挥文化在脱贫攻坚工作中“扶志”“扶智”作用，帮助深度贫困地区建档立卡贫困人口参与学习传统工艺，激发内生动力，有效促进就业，持续增加收入，助力精准扶贫。该通知提出支持设立一批非遗扶贫就业工坊，带动贫困劳动力稳定就业，非遗扶贫就业工坊参与就业人员中建档立卡贫困人口占比达到30%以上；总结提炼一批可复制、可推广、可持续的非遗扶贫就业工坊工作经验与模式，鼓励和支持其他贫困地区学习借鉴，宣传推广。文化和旅游部、国务院扶贫办帮助深度贫困地区对接相关高校或企业，委托高校或企业组建由设计师、专家、相关高校教师、非遗代表性传承人等参加的专家团队，分批驻扎到非遗扶贫就业工坊所在贫困村，帮助非遗扶贫就业工坊对传统工艺产品进行再设计和改造提升，解决工艺难题，提升产品品质，对接市场需求，提高产品附加值。

非遗传承人、手工艺店铺很多集中在乡村，特别是贫困地区。2020年，全国贫困县商家在阿里零售平台售出非遗相关产品近30亿元。这说明，非遗产业过去可以贡献于脱贫攻坚，未来将成为乡村振兴的重要力量。

庆阳香包是甘肃省第一批入选国家级非物质文化遗产名录的项目。55岁的甘肃庆阳人刘兰芳作为该项目省级非遗代表性传承人，依托“公司+基地+合作社+农户”模式，带着4000多名来自庆阳周边贫困地区的绣娘们，把过去作为赠品相送的香包挂件，缝出拖鞋、肚兜、药枕、抱枕、丝巾、包包、鞋垫等，销往海内外。

甘肃甘谷县的“麻鞋郭大姐”同样带着乡邻姐妹们，钻研学习国家级非物质文化遗产代表性项目——内联升千层底布鞋制作技艺，对甘肃省级非遗代表性项目甘谷麻鞋进行工艺创新，推出“千层底麻鞋”，并开始做跨境电商，外贸订单已签到日本、新加坡、马来西亚等国。

石丽平是贵州省松桃梵净山苗族文化旅游产品开发有限公司董事长，作为松桃苗绣第七代传承人，石丽平传承发扬苗绣手工艺20余年，培养了一大批绣娘，带富一方群众。在石丽平的带动下，松桃苗绣从指尖技艺转化为指尖经济，进而转化为脱贫攻坚的指尖力量。2016年以来，石丽平在易地扶贫搬迁点开设了100个扶贫工坊，实行“一人一工坊”居家就业模式，带动4000多名留守妇女居家就业，帮助300多名贫困人口脱贫。

2. 非遗淘宝村的兴起

社火是中国民间庆祝春节的一种风俗活动，包括高跷、旱船、舞狮、舞龙、秧歌等，每到腊月，社火要起来，年味就浓了。河南许昌市建安区的霍庄村就是个“酿造”年味儿的地方，出产了长江以北超过60%的社火道具。

作为建安区电商产业扶贫项目，霍庄村依靠这项传承百年的传统手工艺，成为远近闻名的淘宝村，不仅让本村村民过上好日子，还吸纳周边农村富余劳动力2000多人就业。村民坐在家中就能从年头卖到年尾，从国内卖到全球。如今，全村拥有200多家淘宝店，年销售额超过2亿元。村民们不仅实现了脱贫致富，还筹资建起了村民活动中心和文化广场。

大欧鸟笼的制作始于明代，距今已有500余年的历史。经过几百年的传承，大欧鸟笼的制作工艺日益精湛。大欧鸟笼制作技艺于2009年被列入第二批山东省级非物质文化遗产名录。如今，越来越多的村民在淘宝上开店，将自家鸟笼卖到国内各个地方，还远销欧美、印尼等多个国家和地区。

青岛市即墨区高度重视电子商务的发展，出台了加快电子商务发展的实施意见和细则等文件，对电商企业、电商平台、仓储物流等都给予大力支持。同时，为企业配套服务体系建设、搭建交流培训平台，更好地推进区域电商发展。

3. 淘宝让传统技艺走向全国

（1）楚韵陶坊

来自湖北省汉川市杨林沟镇陈台村的陈团员是一位黑陶杨林乌壶的非遗传承人。为了让老年生活更加丰富一点，也为了让这门非遗手艺传承下去，陈团员的儿子陈必祥帮忙注册了一家淘宝店，陈团员承包了乌壶的制作和店里所有订单的发货。现在，他的淘宝店里有六成订单都来自外省。因为淘宝，遇冷的黑陶杨林乌壶终于走出了江汉平原，让更多来自浙江省、福建省、广东省等地的消费者第一次见到了乌壶，也圆了一位老人的梦。

（2）宁航蜡染

苗族画娘杨乃金是淘宝店“宁航蜡染”的一员，也是国家级非遗项目苗族蜡染技艺的传承人。十几年前，苗族蜡染还深藏于贵州偏僻村寨，不为人知。那是苗族女孩自小学习的技艺，画什么图案全凭兴致和想象，画完后做成被单、桌布等家常用品。为生计疲于打工的她们，从未想过自己手工做的产品具有经济价值，能够赢得消费者的喜爱。如今，苗族画娘把画染在帽子、围巾、背包、衣服、礼服等物品上，这项非遗技艺从村寨走到城市，从线下走到线上，画娘们用双手为家人挣到好生活，也为自己挣得成就感。

（3）造青

“造青”是沿着第一位亚太地区中国青瓷大师、龙泉青瓷国家级非遗传承人徐朝兴的基因衍生而来的。徐朝兴大师 13 岁开始当学徒，2007 年被评为全国首批国家级非物质文化遗产“龙泉青瓷”传承人，徒子徒孙 300 余人。2014 年，儿子徐凌和儿媳竺娜亚继承了他的衣钵，并和毕业于中国美术学院的青年陶艺家周剑峰、黄丽帆夫妇一起创立了这个本土非遗品牌。

造青的淘宝店铺是以茶器为主，拥有多款受欢迎的新潮“茶咖器”；同时会把消费者的反馈列入新品开发计划中。目前，造青的淘宝店上架了 63 种产品，多为茶具、茶咖器具等。造青的淘宝店铺销售额一年可以达到几十万元，并且通过这个展示窗口得到了更多的订单。

四 非物质文化遗产老字号走向复兴

（一）七成以上中华老字号具有非遗要素

中华老字号是指历史悠久，拥有世代传承的产品、技艺或服务，具有鲜明的中华民族传统文化背景和深厚的文化底蕴，取得社会广泛认同，形成良好信誉的品牌。中华老字号是在几百年商业和手工业竞争中留下的精品，各自经历了艰苦奋斗的发家史而最终引领一行。按照“创立于1956年公私合营以前，产权清晰，国内资本相对控股，传承特色技艺和服务，体现民族文化及地域特征”等原则，商务部分别于2006年、2011年认定两批共1128家中华老字号。各地根据实际制定地方老字号认定和管理办法，认定了一大批地方老字号。商务部对1128家中华老字号企业2019年经营情况的调查显示，84%的企业处于盈利状态，半数企业利润率超过6%，整体发展势头良好。

数据显示，中华老字号企业大多拥有传统技艺，是国家非物质文化遗产的重要来源。在商务部认定的1128家中华老字号中，有127项列入国家级非物质文化遗产名录，695家列入地方非物质文化遗产名录，具有非遗要素的老字号为822家，占总体的72.9%。

1. 发达地区老字号数量占优势

从非遗老字号在各省份的分布来看，中华老字号企业主要分布在北京市、上海市等发达城市以及江浙沿海一带，其中北京市以85家拔得头筹，江苏省以76家位居第二，浙江省、上海市分别为73家和63家。数量最少的主要是西部经济欠发达地区，如青海省、宁夏回族自治区、新疆维吾尔自治区、内蒙古自治区、贵州省等。西藏自治区没有老字号。

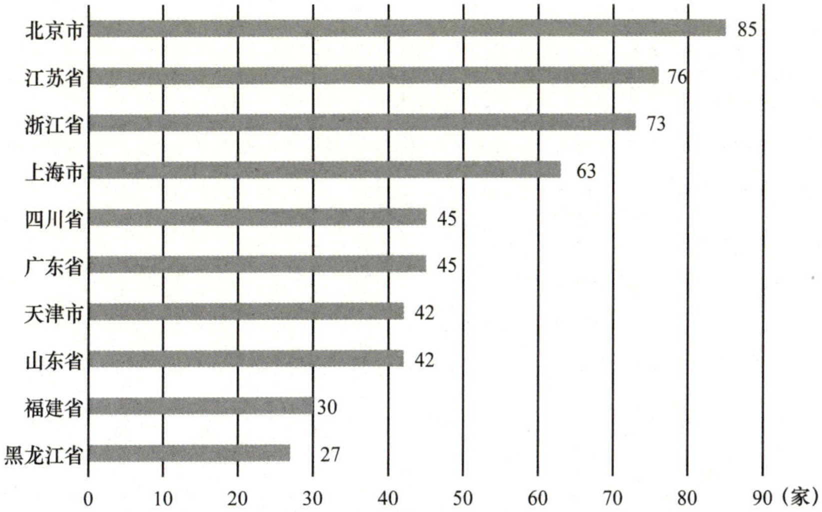

图5－12 非遗老字号各省份分布 Top10

资料来源：笔者自制。

2. 传统技艺在非遗老字号中占据主导地位

非遗老字号中，传统技艺类占88.6%；其次是传统医药，占10.8%；其余占比不足1%。传统技艺不仅携带着技术信息，同时也传递着浓厚的历史与文化信息；既是老字号企业长期发展的重要保障，同时也是中国传统文化的重要内容（见图5－13）。

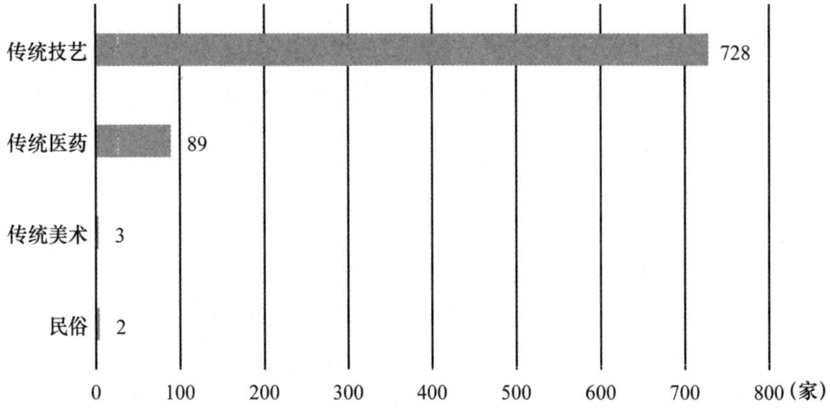

图 5-13　老字号中的非遗类型

资料来源：笔者自制。

3. 食品餐饮在非遗老字号中占比最高

中华老字号非遗企业主要分布于食品餐饮、酒类、医药、日用品、产业、服装鞋帽、文体用品、服务、百货等行业。其中，食品餐饮类企业占比高达六成，表明与百姓生活息息相关的“食”为非遗老字号行业主流。

（二）非遗老字号焕发新活力

1. 淘宝上非遗老字号连续三年呈上升趋势

随着数字化技术的飞速发展和深入应用，中华老字号企业积极拥抱互联网，通过自建电商平台或入驻淘宝天猫等电商平台，不断焕发蓬勃活力。阿里巴巴统计数据显示，阿里零售平台上的老字号品牌共计 700 多个，其中 400 多个中华老字号品牌在天猫上开设了旗舰店。2015—2020 年，入驻阿里平台的中

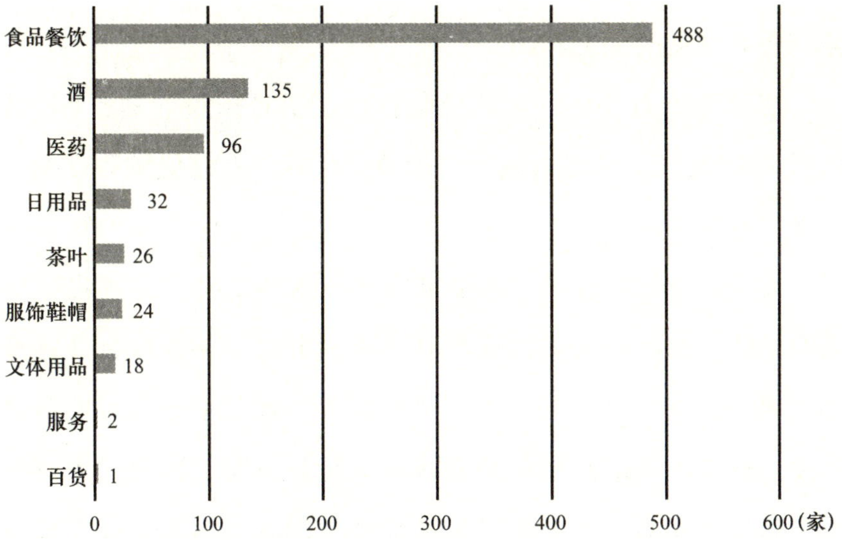

图5-14　中华老字号非遗企业主要分布

资料来源：笔者自制。

华老字号企业成交额从112亿元增至467亿元，营业额增长317%。

淘宝天猫平台上，非遗老字号的成交规模连续三年呈上升趋势。2021年，成交增速排在前5位的是老凤祥、乔家栅、雷允上、云昆牌和白水杜康。

2. 天猫老字号拓新计划

天猫已经成为非遗老字号创新转型的第一平台。2020年，老字号在天猫的成交额超过200亿元，其中有近60个品牌迈过1亿元的门槛。相关数据显示，在天猫上购买老字号产品的人数已经达到1.3亿。目前已有五成国家级非遗手艺入驻淘宝平台。年轻一代早已成为传统文化消费的主力军。淘宝消费者旺盛的需求和对传统手工艺的兴趣，让这个平台成为了非遗手工艺探索传承和变化的沃土。

2021 年 6 月 8 日，天猫宣布启动老字号拓新计划：5 年持续投入 10 亿元，从品牌营销、消费者运营、新品研发等方面助力老字号复兴。

为老字号创新破局，天猫老字号拓新计划将为品牌提供一套有的放矢的解决方案：从 2021 年 8 月开始，天猫联合 B 站推出《神奇的老字号》纪录片，让更多人了解老字号品牌的前世今生；此外，天猫将从消费者运营、新品研发、营销三大板块提升数字化能力，助力老字号的转型升级。天猫将开放天猫新品创新中心（TMIC），为老字号品牌提供消费数据，帮助其把握市场趋势，定制新品。同时在设计、IP 联名以及与明星达人合作直播等方面，为老字号搭建桥梁。

此外，天猫还专门为老字号提供了 5 项专属服务。从入驻开始，天猫将和老字号协会一起，邀请全国的中华老字号和省级老字号入驻，省去自主提报环节，免审核，快速开店，并且提供三个月试运营期。此外，天猫已经上线了中华老字号的专属标识，在商品展示上提升老字号品牌的含金量。

（三）张小泉：十年电商，从 20 万元到 2.7 亿元

以剪刀起家的品牌“杭剪”张小泉创立于 1628 年，距今已有近 400 年的历史，被称为“五杭”之一，与“杭粉”孔凤春、“杭扇”王星记、“杭锦”都锦生、“杭烟”宓大昌并列。

2006 年，“杭剪”张小泉被商务部认定为第一批中华老字号。

目前，张小泉产品主要包括剪具、刀具、套刀剪组合和其他生活家居用品，刀剪产品占营收比重约八成。2020 年剪具的销量为 2932 万把，刀具为 621 万把，刀剪套装为 172 万件，合计 3725 万件，相当于每天卖出 10 多万把刀剪。

“杭剪”张小泉能有这样的成绩，离不开电商渠道的经营。20 年前的张小泉经营管理滞后、品牌意识淡薄，市场和员工双双流失，老国企不得不向法院申请破产，一度在时代发展中掉队。2011 年，被民营企业富春控股集团收归旗下四年后，张小泉开始注意到电商渠道。当年组建的电商部有 60 人，但当年线上销售额只有 20 万元。尽管这是一个连团队工资都不够的尴尬开端，但张小泉依然看到了电商的巨大潜力，持续投入人力与资金。

2016 年，张小泉的线上销售规模已达 1.2 亿元，其中仅天猫旗舰店销售收入就接近 0.6 亿元。2017 年 9 月，张小泉入围天猫“天字号计划”。2018 年 1 月，张小泉参加“天猫出海”项目，通过淘宝天猫平台将产品销售到全球。2018—2020 年，张小泉线上销售收入占比不断提升，从 35.54% 增加到 48.16%，达 2.7 亿元，几乎与线下持平。其中，仅张小泉天猫旗舰店、张小泉思优普专卖店两家的销售额加起来，就超过了 1.5 亿元。收入结构的改变提升了其利润水平，2013—2019 年，张小泉每年的净利润增长都超过 50%。在此期间，张小泉电商平台店铺在淘宝天猫平台店铺中排名靠前，剪具一直位居第一名，刀具基本位列前三。

2020 年，张小泉的营业收入是 5.7 亿元。2021 年上半年，张小泉实现超 3 亿元的营业收入，净利润为 4425 万元，均较 2020 年同期增长三成多。

天猫大数据显示，目前在“张小泉”的购买者中，18—29 岁的“90 后”占总消费群体的 32%，30—34 岁的“85 后”占总消费群体的 24%，且“90 后”消费群体的占比趋势正在逐年上升。

为了满足年轻人的需求，张小泉还在天猫旗舰店推出一年两次的定制活动，消费者可以在刀剪上刻字和头像，每次限量版都被抢空。2020 年，张小泉新增了近 400 件新产品，占销售额的比重达到 33.68%。在张小泉天猫旗舰店里，销售得最好的不是刀，而是粉刺针；同样受欢迎的还有修眉刀、磨脚器等产品。

（四）老字号年轻化案例

1. 吴裕泰官方旗舰店

吴裕泰始创于 1887 年，有着 130 余年历史的吴裕泰在天猫更像是个创业公司。为了能和年轻人对话，百年老字号吴裕泰痴迷上了短视频与直播。除了自播，吴裕泰还与天猫的头部主播达成合作。针对主播选品的特点，吴裕泰放大了单品的重要性。通常情况下，头部主播对单品需求量非常大，是日常量的 10 倍以上。直播可以让吴裕泰快速推广品牌、打开市场，并实现客流的转化。

为了跟上天猫消费者的节奏，即便是直播间里的商品，吴裕泰也做了有针对性的调整。根据老顾客的反馈，小克重、多罐装、配赠品的购物方式更符合年轻人的消费习惯与需求。后台数据显示，吴裕泰直播间秒杀、拍卖、抽奖这些趣味性工具的设置，有效增加了直播间客人的停留时长和活跃度。平台促销活动期间，吴裕泰直播间将每日直播时长从5小时增加至10小时，直播间里了解产品、能说会唱、有颜有才的中央戏剧学院的高材生更是为百年老字号吴裕泰吸引了大批年轻粉丝的关注。

2. 德州扒鸡旗舰店

诞生于1692年的德州扒鸡，距今已有300多年的历史。崔宸是德州扒鸡的新一代掌门人，其对品牌进行了大刀阔斧的改革：让德州扒鸡不再满足于“铁道扒鸡”和北方地区的线下门店，也不再满足于服务40岁以上的消费者，而是让它“触网触电”，孵化新品牌，搞联名跨界，做直播带货。仅用了四个月时间，他在天猫创立的新品牌“鲁小吉”线上销售额就突破2000万元，成为天猫食品行业的黑马。不仅销售额超过了德州扒鸡，还反向引流带动了德州扒鸡的销售。

2020年，新冠疫情使德州扒鸡线下店大受影响，崔宸于是把重心放在了天猫。根据天猫的消费趋势洞察，他带着电商团队开发自热扒鸡等更受年轻人喜欢的新品，还做起了直播带货。2020年，德州扒鸡电商销售额首次突破了公司总营业收入的

10%。这一趋势在2021年继续加速，每年翻倍增长。其中，天猫旗舰店的营业收入更占线上的60%以上。

3. 内联升旗舰店

2022年是老字号布鞋品牌内联升在天猫开店的第11个年头。受疫情影响，2020年年初，内联升位于北京的四家传统商业街门店全部暂停营业，突如其来的逆势推动着这家老字号通过开设淘宝直播、搭建会员群等方式，重新在线上引流自救。

自2016年起，内联升和大鱼海棠等IP做了6款联名款布鞋，仅两周时间就卖了1600双，在大鱼海棠所有衍生品排行榜里排第一；2021年，内联升再度与北欧潮袜品牌Happy Socks跨界营销，一则“凉鞋配潮袜潮酷炸街”的视频就有近400万阅读量。

以往，内联升主要靠传统商业街的游客客群，客群年龄段大概在35—55岁。但从线上来看，客户群体更年轻一些，25—45岁是主要的消费人群。

五　新一代非物质文化遗产手艺人引领非物质文化遗产消费

非遗源自我们的日常生活，很多本身就是常用商品，先天具有市场基因。过去几年出现非遗热的核心是非遗的内容和衍生品本身，其中一个重要推力是新一代非遗传承人、淘宝手工艺店铺的店主，他们通过“推陈出新”，摒弃过时的造型、色彩，创造时尚、新颖的现代风格产品，满足了消费者生活与文化新需求。

非遗工艺和电商的结合，不仅为年轻人主动传承传统文化提供了可能，也在无形中对工艺进行了现代化改造。淘宝商家对产品、品控、产能等的要求倒逼非遗手工艺产品的升级和转型，淘宝大量的消费者需求也在渐渐改变当地手工艺的现状。从淘宝数据看，吃、穿、用三个领域的非遗手工技艺最受当下消费者的欢迎。

2015 年年底，淘宝开始筹备“淘宝手艺人”业务，关注那些极具特色、因热爱而专注的非遗手艺人。为了解决手艺人不善经营的问题，淘宝整合了逛逛、直播、淘宝教育、阿里巴巴原创设计保护平台等集团内部资源，同时与行业协会等机构合作，开展线上购物节、线下展会、市集活动等，帮助手艺人商家提升线上运营能力，提升在消费市场的曝光度，促进这类商家的发展与成长。

（一）食品餐饮类非遗店铺

1. 晶华鱼丸

潮汕鱼丸是广东省潮汕地区的特色传统小食。在潮汕话中，“鱼”与“余”同音，“丸”同“圆”谐音，象征年年有余，合家团圆，鱼丸也就成了人们过年必备的席上之珍，甚至有“没有鱼丸不成席”之说。近年来，由于年轻人普遍对传统手工艺“不感冒”，不少传统技艺陷入后继无人的困境。

在汕头达濠，晶华是当地卖得最好的鱼丸品牌之一。前些年，“90后”大学生梁少忠放弃了一线城市的工作，回到达濠继承家中传承了100多年的鱼丸手艺，并通过开设淘宝店来拓展销路。没有电商经验的梁少忠在开店之初就碰了壁。由于丸类制品的特殊性，快递只能走顺丰空运，不能走其他的廉价物流。当时，有一位黑龙江省的客户购买了一份墨斗丸，由于担心天气热丸子变质，梁少忠在包装中加了许多冰块，结果快递员称重后，运费高达40元。后来，梁少忠渐渐熟悉了做电商的方法，晶华鱼丸淘宝店的销量也开始飙涨，每年的销量增长都超过100%，近两年销量保持着每年30%以上的增长。

后来，姐姐梁少玲从香港回到家中成了晶华鱼丸淘宝店的掌门“鱼丸妹”。姐弟合力将店里30多位老伙计的生计担在肩上，他们通过淘宝的消费者反馈，对产品的口味进行改良，近年来研发出了芝士味墨斗丸等产品。目前晶华鱼丸的产品有八成是提供给淘宝消费者的，只有两成留给线下渠道。

2. 白市驿食品旗舰店

白市驿板鸭历史悠久，曾经有过辉煌时期。但由于市面上出现诸多仿品损坏品牌，加上厂子产品单一，销售乏力，板鸭厂遭遇发展难题，一度连支付工资都比较困难。2009年，现任非遗技艺传承人林楠进厂工作。在互联网时代长大的林楠，一进厂就上淘宝、开天猫，上架盒马等新零售平台，并与平台合作开发新品，白市驿板鸭销路再次打开。

林楠带来的，还有生产的智能化升级。“以前是纯手工，生产周期长，供货周期长，产品口味的一致性无法保证，而淘宝天猫等平台的消费者对收货时间有要求，产品口味也要一致。”林楠说，为此他们花费 100 万元引进设备，解决了工艺标准问题，让工厂换上了智能化电烤炉，以保证产品的标准化生产，在还原板鸭原味的基础上，避免了手工操作带来的熏制味重。

（二）服饰类非遗店铺

1. 万宝德

起源于春秋战国的花丝镶嵌工艺是一门已传承千年的非遗工艺。这门原流行于宫廷的手艺一度面临着后继无人的窘境。

河北廊坊的小伙刘超出生于花丝镶嵌工艺世家，见证了这门手艺从繁荣到逐渐没落。“我不能让传了三代的手艺在我这一代失传。”凭借这个信念，尝试过多种工作的刘超回归到非遗技艺的传承上，还在淘宝上尝试了一条新的传承之路：将花丝镶嵌工艺用在年轻人喜欢的汉服配饰上。

通过淘宝，刘超的花丝镶嵌制品走出了河北，被更多人看到，销量也明显见好。过去几年，花丝镶嵌制品销售量一直保持增长，一些国外的买家还会特意使用中文在淘宝上与他交流购买。

2. VINE 维内

草编是以草本植物为主要原料的一种传统编结手艺，2008 年入选第二批国家级非物质文化遗产名录。在山东省、河南省、河北省、上海市等地，许多妇女都会用玉米皮、麦秸等植物资源，编成帽、篮、提包、睡席等日用品。

孟祥君是淘宝店“VINE 维内”的主理人兼设计师。三年前，他辞去北京的高薪工作回到老家，带着一群精通非遗草编手艺的妇女们，打造原创草编包品牌。在当地，许多妇女都会做用玉米叶编织日用品的手艺活。美术专业出身的孟祥君将棉麻、毛球、皮革等材质融入草编包，再加上多彩的配色，为草编包增加时尚气息。他开了淘宝店，月销售额可观，并带动当地 2000 名留守妇女就业增收。

孟祥君的淘宝之路还有一个意外收获，就是挽救了草编的传统编法。外贸单里的草编产品，款式简单，编法比较容易，而孟祥君设计的包包有许多复杂的缠绕编法，如平编麦穗花、玉米皮 7 股辫等。由于常年不使用复杂编法，拿到设计图后，师傅们需要共同研究、多次尝试，才能慢慢拣回来。“无意间，我们挽救了一些传统编法，没有让它们消失。”

“传承非遗是国家文化自信的体现，但非遗技艺需要真正融入当代生活中，才能让更多年轻人关注非遗、热爱非遗、保护和传承非遗。”未来，孟祥君计划上线原创家居品牌，同时学习更多草编方法。

（三）用品类非遗店铺

1. 吕氏竹匠

吕爽的爷爷曾是浙江省嵊州市黄泽竹编厂的厂长，吕爽的父亲吕成 18 岁跟随吕爽的爷爷学习竹编，2000 年创立了大志然竹编厂，如今是绍兴市级非遗传承人。吕爽从小在这样的环境中长大，大学毕业后正式进入了竹编行业。可以说，吕家三代人的一切都和竹子息息相关。

当吕家第三代长大，吕爽开始承担更多责任，这些承载了非遗技艺的“竹子”明显变年轻。除了开淘宝店，吕爽还在品类上下足了功夫。目前，“吕氏竹匠”淘宝店里主要有餐饮器具、茶道家居用品等品类，包括衣篓、茶席、托盘、花器等几十款产品。

吕爽认为，当非遗工艺有了市场，能被日常消费，才是一种更好的传承方式。她相信，只有结合科技和手艺，竹编这门穿梭于手指尖的非遗艺术，才不会被时代抛弃。

2. 淘宝店“铁娃公社”

“90 后”小伙田欢来自湖北省恩施土家族苗族自治州利川县。锻铁是当地传统工艺，他从小听着叮叮咚咚的打铁声长大。但现代化农具发展起来后，当地人不再用铁制农具，锻铁技艺濒临消失。从设计专业毕业后，田欢回到老家，找到 3 个懂锻铁的老师傅。他画设计图，师傅们打造，想做出现代性、实用性、审美性兼备的铁锅、铁艺摆件。2018 年，田欢的工作室里，挂上了利川市非物质文化遗产“铁艺制作技艺”的牌匾。

创业头几年，田欢背着重重的铁锅跑市集、摆摊，效果并不是很好，于是他从 2019 年开始开淘宝店。凭着特色鲜明的产品及通过市集积累的粉丝，田欢店铺的销售额已累计起过 700 万元。田欢的团队从最初只有 3 个老师傅扩大成 30 人，团队成员年纪最大的72岁，最小的才20岁。赚到了钱，田欢又架设了一个拍摄空间，探索通过短视频、直播带动销售。其不仅卖铁锅，还卖红薯干、豆腐乳、腊肠等美食，而且还把展示推广的工作室从利川搬到了杭州。

六　总结与建议

（一）积极推动非遗产业化，促进非遗消费

目前国内外保护非物质文化遗产主要有三种方式：一是施救式保护。这种方式主要是由政府加大财政投入，以文物保护的方式保持非物质文化遗产的当下状态，能在最短的时间内留住非物质文化遗产，适用于那些濒临消亡的项目。二是产业化保护。这种方式以保持非物质文化遗产的真实性、整体性和传承性为核心，以有效传承非物质文化遗产技艺为前提，借助生产、流通、销售等手段，将非物质文化遗产及其资源转化为文化产品。三是“非遗+”模式。这种方式将非遗要素和新产业、新技术、新材料、新创意、新模式结合，创造出全新的非遗文化产品，将非物质文化遗产引向市场参与竞争，吸引更多的社会资源投入传承和保护非物质文化遗产的事业中来，借助市场、资本、技术和人才实现产业振兴。

产业化保护将非物质文化遗产引向市场参与竞争，以竞争的压力激发非物质文化遗产的生存活力，借助市场拓展非物质文化遗产的生存空间。实践证明，只有将非遗技艺融入产品，

进入当代人的日常生活，古老技艺才能得到良好传承。对一些具有市场潜能和开发价值，与消费者日常文化生活相关的非物质文化遗产项目，要积极采取产业化发展模式，通过符合市场经济规律的商业开发，吸引更多的社会资源投入传承和保护非物质文化遗产的事业中来，推动其实现可持续发展。

（二）为非遗注入年轻化的动力

中国非遗复兴的一个重要推动因素是非遗商品消费者的年轻化。他们很多受过高质量的教育，有高度的文化自信，会主动发掘并传播传统文化之美，这是中国非遗复兴的关键。年轻人喜欢非遗商品，不仅因其历史悠久、手艺精湛，更在于它们能跟时代接轨，与新的需求合拍。随着年轻一代对传统文化的喜爱与日俱增，非遗也迎来了市场爆发的良机。

目前，“非遗进校园”成了近些年较为普遍的做法。多年以来，伴随“非遗进校园”的日益深入，其重心也从最初仅注重传播、鉴赏层面逐渐向技艺传承、技能传承等实践层面转变，从而让“非遗进校园”迈向一个理论与实际深入融合的新阶段，不仅让非遗保护工作越来越接地气，更关键的是其广泛的社会影响力以及在青少年中间的认同感得到了大幅提升。

非遗年轻化的另一个重要动力是非遗店铺店主、非遗企业经营者的年轻化。和老一辈的非遗传承人、非遗手工艺人相比，他们懂得市场和消费者的需求，善于运用直播等营销手段，能够把现代设计和时尚元素注入非遗产品的改良和创新中来，从而满足年轻一代消费者的需求。因而，不断培养新一代非遗手工艺人，有着深远的意义。

（三）把互联网平台打造成非遗产业化的助推器

很长一段时间，非遗对大多数人来说是遥远的存在，知道但不够了解，或者了解却无法接触到实物。而互联网成为了拉近非遗和普通消费者距离的重要平台——它不仅连接人和物品，更连接情感和文化，通过走进年轻人、了解年轻人，让非遗工艺更好地传承。

淘宝消费者旺盛的需求和对非遗产品的兴趣，让这个平台成为非遗手工艺传承的沃土。可以说，淘宝为年轻人打开了传统文化消费的大门，也让传统文化展现出更年轻的形态，深度触达消费者群体。而直播带货以其直观的商品展示、较强的双向互动和良好的购物体验为消费者营造了全新的消费场景，成为非遗手工艺店铺增长的新引擎。例如，非遗老字号企业将电商直播作为数字化转型的重要方式，通过与网红主播合作、组织自播等方式提升品牌知名度、增加线上营业额。

未来，要在不断研究互联网平台、电商平台特点和优势的基础上，积极推动非遗传承人、非遗手艺人上平台，使淘宝天猫等互联网平台成为非遗产业化的重要助推器。

（四）打造非遗知名品牌，促进非遗产业高质量发展

非物质文化遗产是可以创造物质文明的精神文明。它由我们的生活传承，也丰富着我们的生活。非遗是无时不在、无处不在的文化，可以与任何地方文化及产业联系起来。其中，非遗手工技艺是中国农耕文明的结晶，是各个地方个性化的标志性符号，在非遗产业化和商品化过程中扮演着至关重要的角色。

非物质文化遗产创造了丰富多彩、独具中国特色的产品、商品，成就了一批百年老字号，塑造了一批独具中国特色的非遗品牌。但进入当代，非遗技艺只有与现代生活、现代审美、现代时尚相结合，把传统技艺与产业结合，打造一批新的现代知名品牌，才能让非遗不断传承发展。

加快中国非遗品牌化步伐、打造非遗名牌，这不仅是非遗本身传承的需要，更是中华优秀传统文化传承的重要途径。目前非遗传承人普遍“老龄化”现象突出，非遗传承存在“青黄不接”的问题。非遗技艺进入市场、实现产业化发展的是少数，能塑造响亮品牌的更是少数。

解决非遗传承问题、培养优秀人才是打造非遗名牌的重要前提。将非遗技艺与现代结合，精准发展，开拓出非遗产品的经典品牌，需要更科学的设计和更专业的人才队伍。利用职业教育改造民间传统手工艺父子师徒世代相继、口传身授的传承模式，可以使传承更加规范、系统、科学。让非遗技艺与时代发展相结合，与现代市场相结合，提升传统手工艺品的品质，从而打造出有中国特色的非遗品牌。

（五）发挥非遗在乡村振兴中的重要作用

过去几年，西部地区非遗淘宝商家增速显著领先于东部和中部地区。非遗在乡村振兴和西部大开发战略中，发挥着日益突出的作用。但西部地区和乡村地区非遗资源的产业化和东部地区及经济发达地区相比，还有巨大差距。

为了发挥非遗在乡村振兴中的作用，一是需要做好非遗资源的整理和发掘工作，不断挖掘中国民间文化艺术之乡、中国传统村落、中国美丽休闲乡村、全国乡村旅游重点村、历史文化名城名镇名村、全国“一村一品”示范村镇中的非物质文化遗产资源，全面推进“非遗在社区”工作。二是人才培养，重视经济不发达地区非遗传承人的培养，加强校企合作，为西部地区或农村地区非遗企业员工开展定制化课程与培训。鼓励互联网平台为乡村非遗企业培养互联网运营人才。

（六）加大非物质文化遗产传播普及力度

一是适应媒体深度融合趋势，丰富传播手段，拓展传播渠道，鼓励各类新媒体平台做好相关传播工作。利用文化馆（站）、图书馆、博物馆、美术馆等公共文化设施，开展非物质文化遗产相关培训、展览、讲座、学术交流等活动。

二是加强专业化、区域性非物质文化遗产展示展演，办好中国非物质文化遗产博览会、中国成都国际非物质文化遗产节以及非遗购物节等活动。

三是发挥互联网平台和直播的力量，使非遗传承人、商家可以与10亿量级的消费者直接连接，不断打造各种爆款和网红产品，使过去非常分散和碎片化的非遗商品，通过各种传播手段，可以更广泛、更精准地触达消费者。

作为蕴含中华民族生命基因和历史记忆的文化瑰宝，非遗广泛涉及文、艺、衣、食、住、行、技、娱、医、俗等生活生产维度，这为探索“非遗＋”提供了丰富的资源库。基于移动互联网的自媒体平台为“非遗＋抖音”“非遗＋直播”等方式提供了传播优势，持手机者均可以这种方式推广非遗。此外，“非遗＋”的模式仍有许多值得思考的空间。

第六章

省级文旅新媒体国际传播力

刘　潇*

国际社交媒体是各级文旅机构开展国际营销传播的最主要途径。其中，影响力最大的国际社交媒体主要是脸书（Facebook）、推特（Twitter）、照片墙（Instagram）、优兔（YouTube）和抖音（TikTok）5家。

截止2022年8月，全国31家省级文旅机构在五大国际社交媒体上开设账号并实际运营的情况如下：Facebook 22家、Twitter 22家、Instagram 22家、YouTube 20家、TikTok 9家。总体来看，除TikTok外，在四大国际社交媒体上开始账号的省级文旅机构占整体的2/3。

本章主要基于2022年1—8月各省级文旅机构开设的国际社交媒体账号的数据，对省级文旅新媒体国际传播的现状做一个全面的梳理和评价，并就存在的问题进行总结分析。

* 刘潇，Sensely Media有限公司CEO。

一　省级文旅新媒体国际传播力评价指标

省级文旅新媒体国际传播力综合评价体系由 Facebook 传播力指数、Twitter 传播力指数、Instagram 传播力指数、YouTube 传播力指数、TikTok 传播力指数 5 个指标构成，权重分别为 30%、20%、20%、20%、10%。

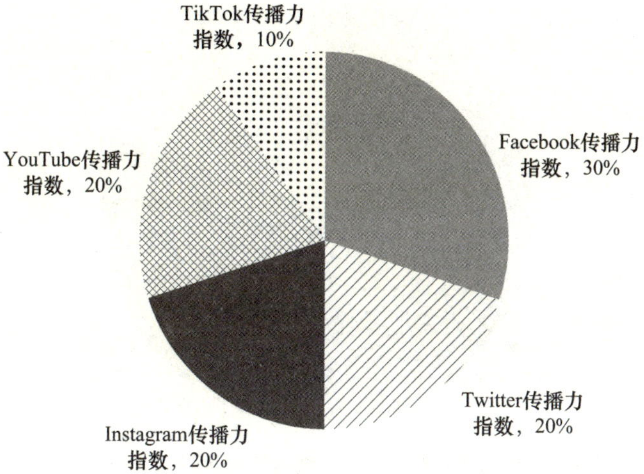

图 6－1　文旅新媒体国际传播力指数指标构成

注：综合传播力指数算法公式：30% ln（F＋1）＋20% ln（T＋1）＋20% ln（I＋1）＋20% ln（Y＋1）＋10% ln（Ti＋1）。其中，F 代表 Facebook 传播力指数，T 代表 Twitter 传播力指数，I 代表 Instagram 传播力指数，Y 代表 YouTube 传播力指数，Ti 代表 TikTok 传播力指数。

资料来源：笔者绘制。

1. 图文类国际社交媒体传播力指标

图文类国际社交媒体包括 Facebook、Twitter 和 Instagram 三

大类。传播力评价体系由传播范围、传播量、传播效度、传播质量四个一级指标构成。其中，传播范围评价指标由粉丝数、粉丝增量两个二级指标构成，权重为10%；传播量的二级指标为发帖数，权重也是10%；传播效度由互动量、互动率两个二级指标构成，权重为60%；传播质量由内容质量和创新性两个二级指标构成，权重为20%。

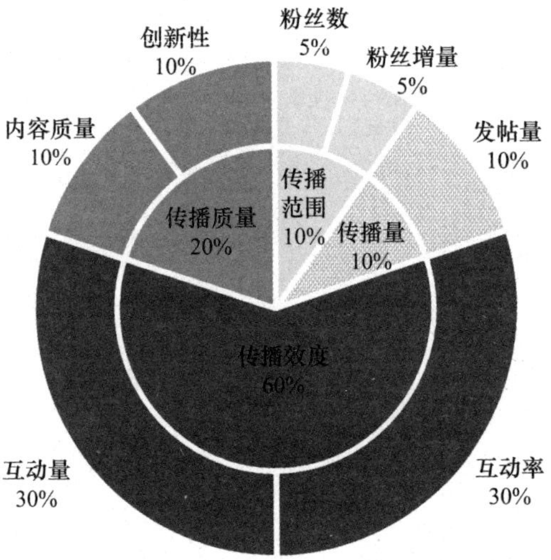

图6-2　图文类国际社交媒体传播力评价指标体系

注：传播力指数（图文类）算法公式：10% ln（X1 +1） +30% ln（X2 +1） +30% ln（X3 +1）+5% ln（X4 +1） +5% ln（X5 +1） +10% ln（X6 +1） +10% ln（X7 +1）。其中，X1 = 发帖量，X2 = 互动量，X3 = 互动率，X4 = 粉丝数，X5 = 粉丝增量，X6 = 内容质量，X7 = 创新性。

资料来源：笔者绘制。

图文类国际社交媒体传播力指数传播范围、传播量、传播效度三个一级指标为定量指标，来自平台监测数据；传播质量则为定性指标，数据来自专家评价打分。传播的定性评价维度与指标如表6-1所示。

表6-1　**图文类国际社交媒体传播力的定性评价维度与指标**

	主要评价指标
内容质量	a. 外文准确性：是否有中文与外文的翻译误差，国际受众能否顺畅阅读 b. 内容吸引力：内容是否充实、有趣，与该账号定位相匹配 c. 图片表现力：图片的质量、吸引力以及与文字的配合度
创新性	a. 形式创新：新颖的活动策划，新技术与传播方式的运用 b. 内容创新：内容的新奇性、话题的独特性 c. 互动性：账号运营者与粉丝的互动及回复评论的情况

资料来源：笔者绘制。

2. 视频类国际社交媒体传播力指标

视频类国际新媒体主要是 YouTube 和 TikTok，评价体系由传播范围、传播量、传播效度、传播质量四个一级指标构成。其中，传播范围评价指标由粉丝数、粉丝增量两个二级指标构

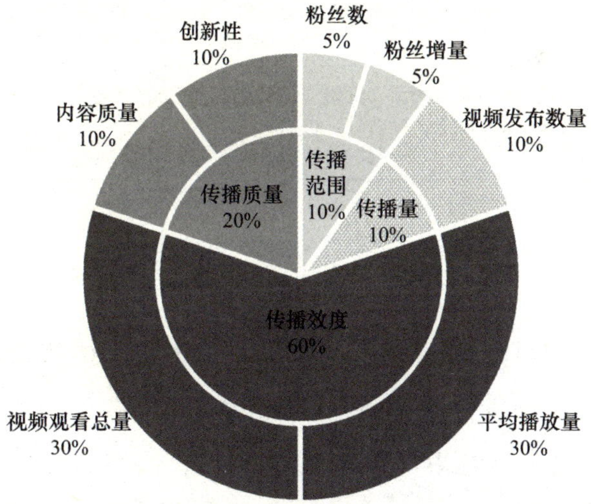

图6-3　视频类国际社交媒体传播力指数评价指标体系

注：传播力指数（视频类）算法公式：10% ln（X1+1）+30% ln（X2+1）+30% ln（X3+1）+5% ln（X4+1）+5% ln（X5+1）+10% ln（X6+1）+10% ln（X7+1）。其中，X1=视频发布数量，X2=视频观看总量，X3=平均播放量，X4=粉丝数，X5=粉丝增量，X6=内容质量，X7=创新性。

资料来源：笔者绘制。

成，权重为10%；传播量的二级指标为发布视频数量，权重也是10%；传播效度由视频播放量、平均播放量两个二级指标构成，权重为60%；传播质量由内容质量和创新性两个二级指标构成，权重为20%。

视频类国际社交媒体传播力指数传播范围、传播量、传播效度三个一级指标为定量指标，来自平台监测数据；传播质量则为定性指标，数据来自专家评价打分。传播力的定性评价维度与指标如表6－2所示。

表6－2　**视频类国际社交媒体传播力的定性评价维度与指标**

	主要评价指标
内容质量	a. 视频质量：视频的清晰度、拍摄水准 b. 视频的表现力：内容是否充实、有趣，能否抓住国际受众的注意力 c. 契合度：视频内容与账号定位的匹配度，与字幕或配音的搭配是否恰当
创新性	a. 形式创新：新颖的活动策划，新技术与传播方式的运用 b. 内容创新：内容的新奇性、话题的独特性 c. 互动性：账号运营者与粉丝的互动及回复评论的情况

资料来源：笔者绘制。

3. 省级文旅新媒体综合传播力

从2022年1—8月的数据来看，在五大国际社交媒体上综合传播力较高的省份为江苏省、北京市、安徽省、浙江省、陕西省、江西省、上海市、重庆市、四川省、吉林省。

二　Facebook 传播力指数

Facebook 创立于2004年2月，目前月活跃用户数为22.7

亿，每天登陆的用户数为10亿，每分钟点赞数为400万。作为世界上最大的社交网络，Facebook的用户群还在不断增长中。与其他国际社交媒体平台相比，Facebook用户通常使用真实姓名沟通，个人资料相对全面，可以实现定位目标人群、进行精准营销，以提升旅游目的地品牌的知名度和影响力。

根据分析结果来看，省级文旅部门开设的Facebook账号传播力较高的省份为江苏省、浙江省、陕西省、江西省、北京市、上海市、重庆市、安徽省、黑龙江省、广西壮族自治区。

从粉丝数量上看，有四个地区的Facebook账号粉丝数突破100万，分别是江苏省、重庆市、北京市和上海市。其中重庆市的Facebook账号粉丝数超过400万。从发帖频率来看，大部分账号发帖频率适中，平均每月45条左右，其中重庆市的Facebook账号发帖频率最高，平均每月有201条内容。从平均互动率来看，江苏省的Facebook账号平均互动率最高，每条贴文达到6321次互动；其次是浙江省，每条贴文达到3783次互动。

1. 江苏省

江苏省的Facebook账号Visit Jiangsu的开通时间为2016年2月2日，粉丝总数超过100万，平均发帖频率为31条/月，平均互动量为6321次/条。

Visit Jiangsu账号发帖频率适中，内容主要以美食美景展示、旅游指南、非遗文化、旅游线路推荐为主；传播形式上以图文、视频为主；在传播内容创意上，通过融入带有江苏特点的我问你答、拼图、看图猜字等贴文游戏以增强与粉丝的互动。该账号在内容和形式创新指标上都获得了较好的评价。

Visit Jiangsu 账号注重在不同季节给海外用户推荐合适的旅游内容；在特殊节日或节庆的时间段，通过发布带有江苏元素的创意海报来吸引用户的注意力。此外，注重对粉丝的评论进

图6－6　江苏省的 Facebook 账号

行及时回复，不断提升粉丝粘度，在互动性的指标上有着较高的评价（见图6－6）。

2. 浙江省

浙江省的Facebook账号Discover Zhejiang的账号开通时间为2021年6月11日，粉丝总数为17万，平均发帖频率为25条/月，平均互动量为3783次/条（见图6－7）。

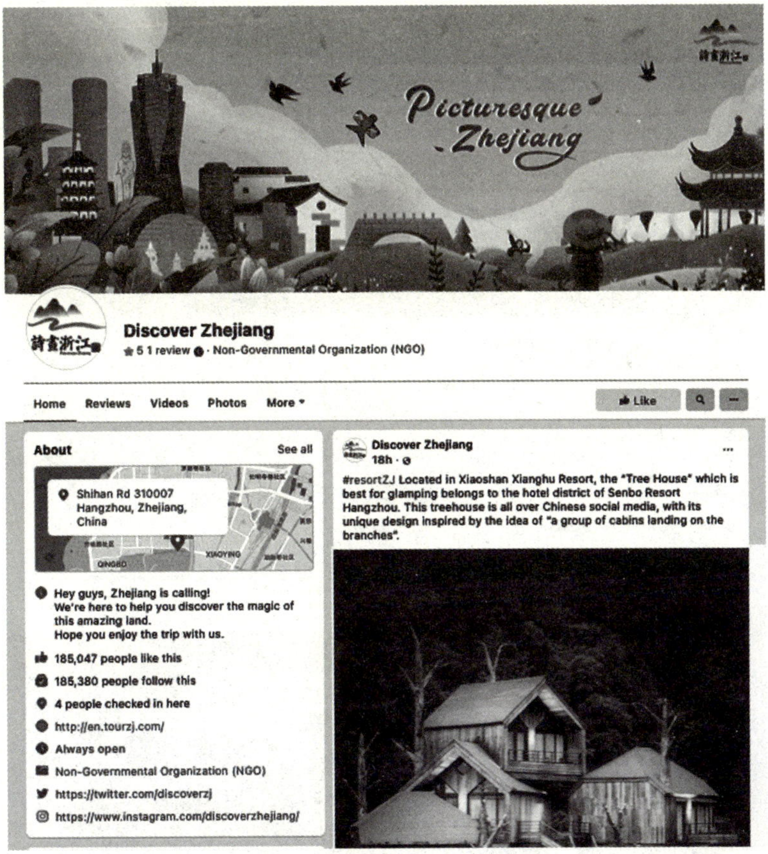

图6－7　浙江省的Facebook账号

Discover Zhejiang账号发帖频率适中，帖文内容以浙江省的景点推介为主，内容吸引力很高。贴文多以图片和视频形式呈现，帖文长度恰到好处，并且根据不同类型的内容细化了贴文标签，便于粉丝根据自己的兴趣在主页搜寻信息。

3. 陕西省

陕西省的 Facebook 账号 Visit Shaanxi 的开通时间为 2013 年 12 月 12 日，粉丝总数为 762891，平均发帖频率为 30 条/月，平

图 6-8 陕西省的 Facebook 账号

均互动量为3621次/条（见图6－8）。

Visit Shaanxi账号几乎每日一条贴文，内容涵盖陕西省的景点、美食、文化、民俗等，图片及视频内容均有中英双语，文案长度适中，重要活动帖文篇幅较长，可读性高。另外，Visit Shaanxi账号所发布贴文的外文翻译准确、贴合语境，并且还有主题性创意推广，图片质量较高，视频内容制作精良，在内容吸引力以及图片表现力等指标中都获得了良好评价。

三　Twitter传播力指数

Twitter成立于2006年3月，月活跃用户数为3.36亿，每分钟的发帖量超过35万，每月有10亿独立访问次数，其中7.6%的用户来自亚太地区，79%为美国以外的用户。

Twitter最初让用户更新不超过140个字符的消息，这些消息也被称作“推文”（Tweet）。目前，除中文、日文和韩文外，其他语言已提高上限至280个字符。用户通常使用Twitter来分享想法、发布消息、发表评论等。Facebook和Twitter最大的不同在于，前者基于熟人关系传播信息，后者基于内容传播扩展人际关系；Facebook是封闭传播，Twitter是开放传播。在文旅国际传播中，往往需要发挥这两种社交媒体各自不同的特点，形成互补关系。

通过对2022年1—8月的数据分析来看，省级文旅部门运维的Twitter账号传播力较高的省份为江西省、北京市、陕西省、江苏省、浙江省、四川省、安徽省、重庆市、上海市、吉林省。

从粉丝体量上看，重庆市、陕西省、北京市、江苏省和江西省的粉丝数量较高。重庆市的 Twitter 账号粉丝总数最多，达到 18 万人。从发帖频率来看，重庆市的 Twitter 账号发帖频率最高，平均每月有 265 条。在平均互动率上，江西省、北京市和陕西省的平均互动率最高，分别有 267 次、165 次和 116 次互动。

1. 江西省

江西省的 Twitter 账号 Discover Jiangxi 的开通时间为 2018 年 4 月，粉丝总数为 58181 人，平均每月发帖 40 条，每条信息平均互动 267 次。

Discover Jiangxi 账号发布的形式较为丰富，包括单图、多图、视频等，尤其是图片的视觉效果很好；内容涵盖景点、美食、非遗等内容，并根据季节特点进行内容推介，内容创新性较好；每条贴文的内容长度适中且能够使用话题标签及 Emoji 表情，文案生动有趣，外文准确性高（见图 6 - 9）。

2. 北京市

北京市的 Twitter 账号 Visit Beijing 的开通时间为 2014 年 7 月，粉丝总数为 12.8 万人，平均每月发帖 34 条，每条信息平均互动 165 次。

北京市的 Twitter 账号发布的内容与 Facebook 和 Instagram 平台基本一致，但贴文互动整体表现更好，粉丝活跃性较高，粉丝的互动也很积极。贴文内容以旅游为主，具有较高的吸引力，符合 Twitter 平台的传播属性（见图 6 - 10）。

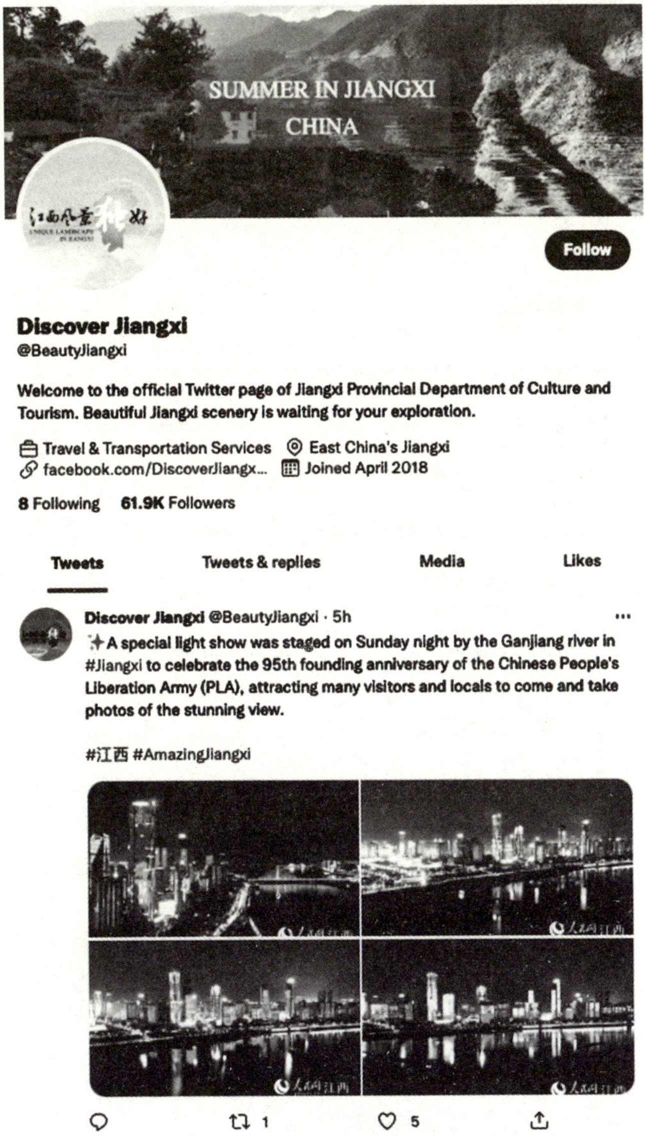

图6-9　江西省的 Twitter 账号

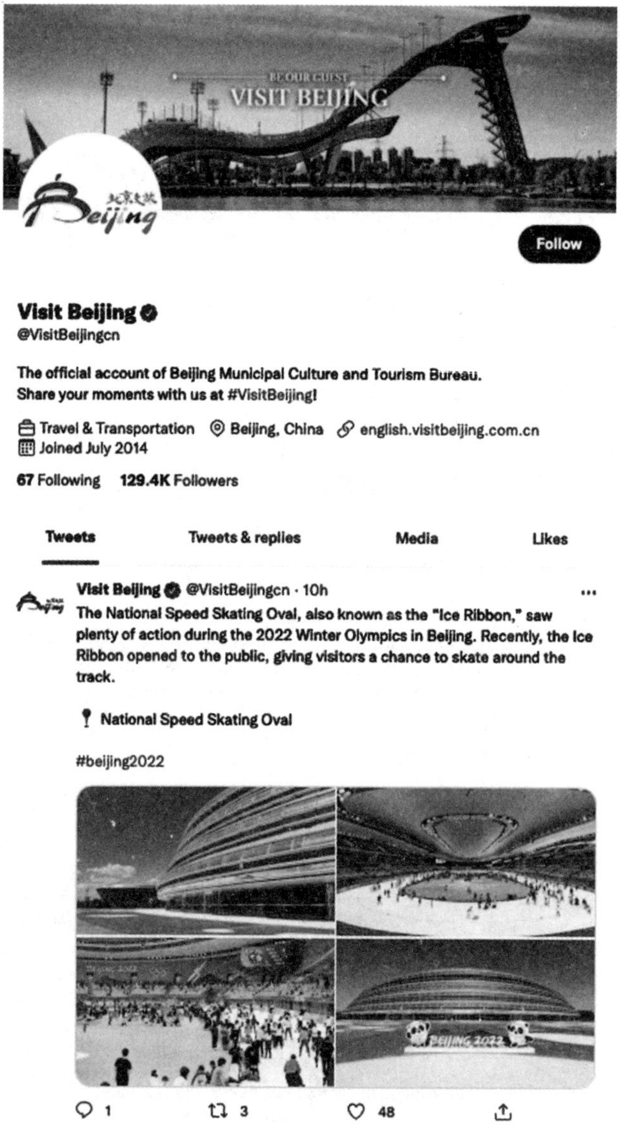

图 6 - 10 北京市的 Twitter 账号

3. 陕西省

陕西省的 Twitter 账号 Visit Shaanxi 的开通时间为 2013 年 12 月，粉丝总数为 15 万人，平均每月发帖 62 条，每条信息平均互动 116 次。

图 6 - 11　陕西省的 Twitter 账号

陕西省的Twitter账号发布的内容与Facebook重合度高，转推内容较多。注重通过趣味推文游戏提升内容互动性，日常运营中能及时回复粉丝的问题与评论，互动氛围浓厚（见图6－11）。

四　Instagram传播力指数

Instagram成立于2010年10月，两年后被Facebook收购，是四大国际社交媒体平台中发展最快的。目前，Instagram月活跃用户数超过10亿，每日发帖数为9500万，每月独立访问次数达10亿。Instagram平台中，67%的用户年龄在30岁以下，平均每日使用时间近1小时，因此非常适合那些想要在青少年人群中树立知名度的品牌进行推广。许多旅游自媒体红人专注在Instagram平台做推广，目前约有2500万个企业账户，适合加强旅游地点与粉丝的粘性，提升城市旅游景点曝光度与旅游热词知名度。

从数据分析结果来看，2022年1—8月省级文旅部门运维的Instagram账号传播力较高的省份为北京市、安徽省、江西省、江苏省、上海市、陕西省、四川省、浙江省、吉林省、海南省。

从粉丝体量上看，上海市、四川省、江西省、陕西省和江苏省粉丝数量较高，其中上海市的Instagram账号粉丝总数最多，达到13.5万人。从发帖频率来看，各个账号发帖频率差异不大，其中上海市的Instagram账号发帖频率最高，平均每月有78

条。从平均互动率来看，安徽省的 Instagram 账号平均互动率最高，每条贴文有 3454 次互动；其次是北京市，每条贴文有 3387 次互动。

1. 安徽省

安徽省的 Instagram 账号 anhui_travel 的粉丝总数为 29533 人，平均每月发帖 56 条，每条信息平均互动 3454 次。账号页面以单图贴文为主，图片精美，有一致性的主题、排版和色调，表现力和吸引力出色；文案简洁明了，注重使用定位功能推介图中内容地点。

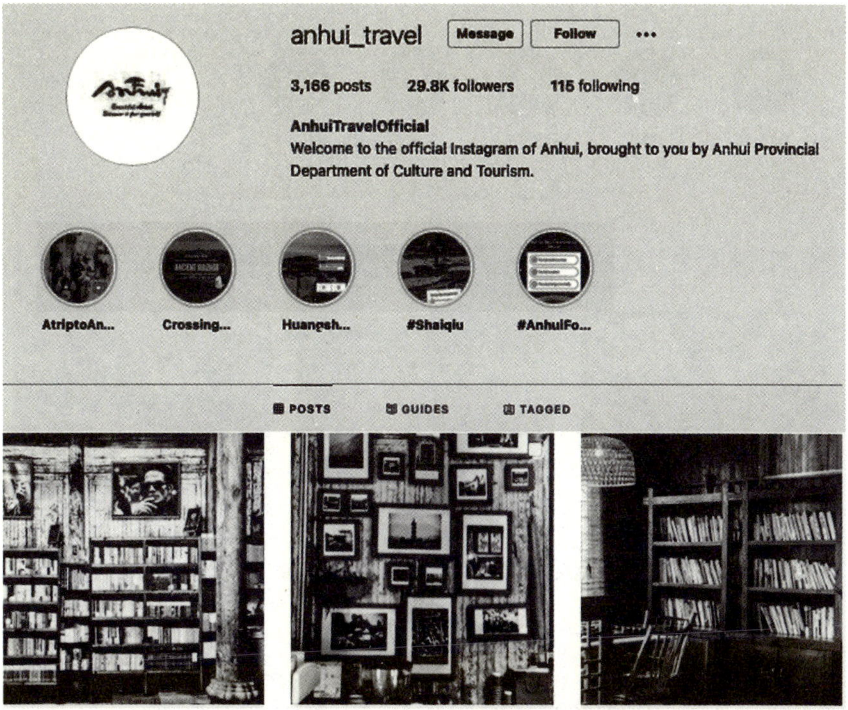

图 6-12　安徽省的 Instagram 账号

2. 北京市

北京市的 Instagram 账号 visitbeijingofficial 的粉丝总数为 35872 人，平均每月发帖 34 条，每条信息平均互动 3387 次。账号页面以单图和系列视频为主，图片质量较好，粉丝互动积极。大部分帖文末尾标注推荐地点，便于粉丝获取更多关于北京市旅游信息。

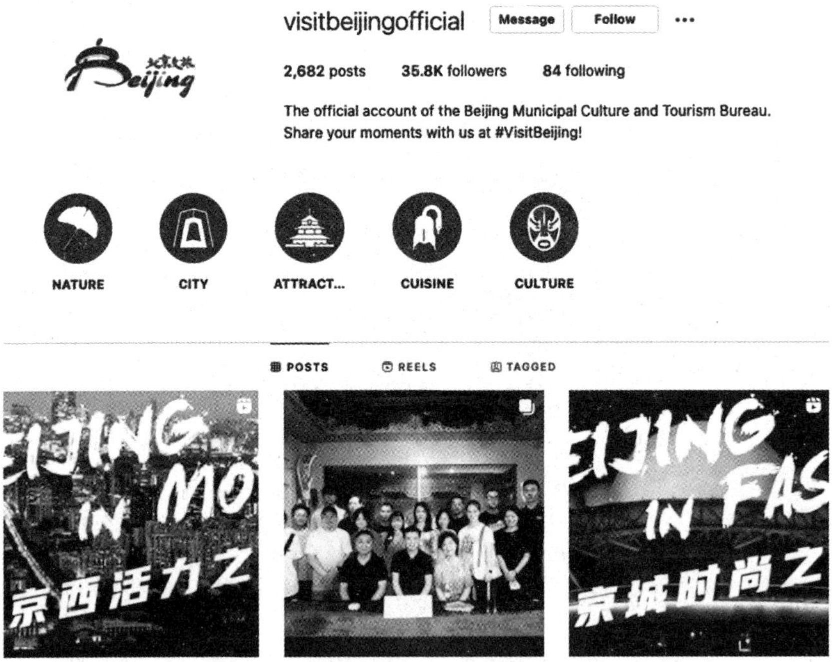

图 6－13　北京市的 Instagram 账号

3. 江苏省

江苏省的 Instagram 账号 visitjiangsu 的粉丝总数超过 5 万人，平均每月发帖 32 条，每条信息平均互动 939 次。账号页面以单图贴文为主，图片质量较高，同时也使用了“有限时动态”（Instagram Story）且根据不同内容创建精选集，丰富了内容的传播形式，内容创新和图片表现力都很强；同时，合理使用热门标签，有效提升了内容曝光量。

图 6-14 江苏省的 Instagram 账号

五 视频平台传播力指数

YouTube 是全球最大的视频网站，上线于 2005 年 2 月。2006 年 11 月被谷歌（Google）公司收购。目前，YouTube 月活跃用户数为 19 亿，拥有众多有影响力的社交媒体红人，制作并推广高质量和高频率的视频。

TikTok 由字节跳动公司推出，是海外版的抖音，也是一款风靡海外的短视频社交平台。作为全球排名第一的社交视频分享应用程式，目前已登陆 155 个国家/地区，支持 75 种语言。主要面对年轻用户，66% 的 TikTok 用户年龄不到 30 岁。

2022 年 1—8 月的数据显示，省级文旅部门运维的 YouTube 和 TikTok 账号的综合传播力较高的省份为安徽省、江苏省、北京市、吉林省、浙江省、海南省、宁夏回族自治区、重庆市、黑龙江省、四川省。

从粉丝体量上看，江苏省、北京市、安徽省、四川省和海南省的粉丝量较高，其中四川省的 YouTube 账号粉丝总数最多，达到 22900 人；江苏省的 TikTok 账号粉丝总数最多，达到 102700 人。从视频发布频率来看，重庆市的 YouTube 账号视频发布频率最高，平均每月有 17 条；江苏省的 TikTok 账号视频发布频率最高，平均每月有 9 条。从视频平均浏览量来看，安徽省的 YouTube 和 TikTok 账号的平均浏览量最高，分别有 54816 次和 320867 次。

1. 安徽省

安徽省的视频类账号粉丝总数为 64503 人，每月平均发布视频 5 条，每条视频平均浏览量为 375683 次。视频质量高，清晰度都达到了 1080p，视频展现了安徽的旅游资源以及文化，有着较好的表现力（见图 6 - 15）。

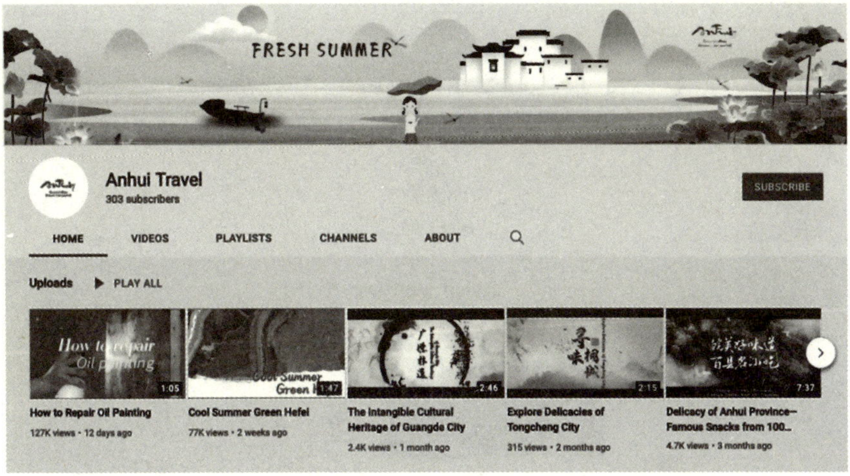

图 6-15　安徽省的 YouTube 账号

2. 江苏省

江苏省的视频类账号粉丝总数为 112280 人，平均每月发布视频 17 条，每条视频的平均浏览量为 34295 次。江苏省的视频类账号对一系列江苏的特色文化进行了深度介绍，通过创意剪辑等手法，用新颖的方式展现了有趣、多元的内容，在视频表现力和创新指标方面都获得了较高的评价（见图 6-16）。

3. 北京市

北京市的视频类账号粉丝总数为 90330 人，每月平均发布视频 14 条，每条视频的平均浏览量为 22792 次。北京市视频类账号发布了北京的建筑、文化、休闲生活等系列合集，展现了北京丰富的文旅资源，同时也包含了线下线上活动的展现，其发布的视频质量良好，在形式和内容创新指标方面都获得了较高的评价（见图 6－17）。

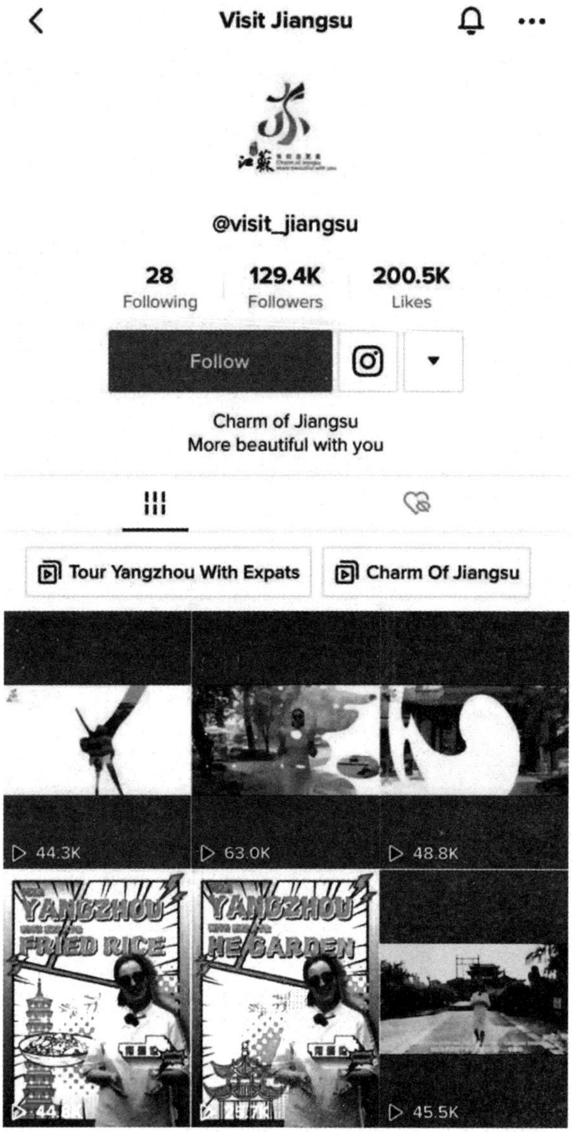

图 6－16　江苏省的 TikTok 账号

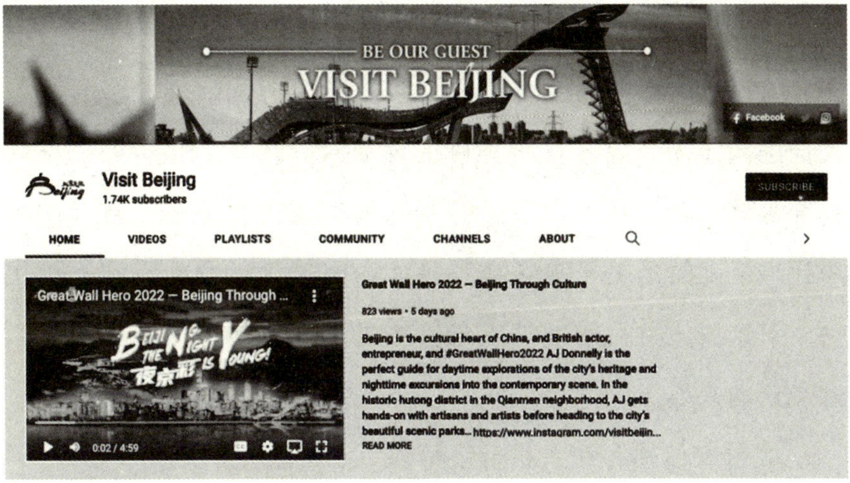

图 6 – 17　北京市的 YouTube 账号

六　小结

1. 文旅国际传播两极分化明显

2022 年以来，随着各国新冠疫情的缓和与国际旅游市场的逐步回暖，国内各省份的文旅机构对国际传播的重视程度也迅速提升。一些在疫情期间暂停运营的文旅国际新媒体账号陆续恢复运营，而一直坚持做运营的账号则加大了投入力度。总体来看，江苏省、安徽省、北京市、陕西省、浙江省等地区的国际新媒体传播力较为突出，是中国文旅对外传播的第一阵营；而湖南省、新疆维吾尔族自治区、西藏自治区、辽宁省、青海省等省份，要么一直未开设对外传播账号，要么开设了账号也处于停用状态。总体来看，中国省级文旅部门的国际传播能力正在呈现两极分化的趋势。

2. 对外传播内容的精准性不强

除了第一阵营的部分省份，多数省份的国际文旅账号是把面向国内传播的内容直接翻译成外文对外传播，很少根据国际社交媒体平台的特点以及外国受众的需求进行原创。传播内容中比例最高的是关于景区或各种旅游目的地的介绍，由于外国网友对这些旅游目的地缺乏最基本的了解，简单的介绍很难激起受众的兴趣。

3. 外文传播存在大量低级错误

由于各省份的文旅海外账号中多数贴文是把中文直接译成外文，翻译水平参差不齐，总体呈现的效果不太理想。中式英文表达、语句不连贯、逻辑混乱、用词不当、语法和拼写错误等普遍存在，导致文案整体可读性低，影响受众的感受。正确的文字表达是传播最基础的要求，频繁的文案错误不仅降低了账号的权威性，也影响了内容的有效传播力。

4. 传播数据普遍存在“注水”问题

总体来看，各省份的海外社交媒体的运营数据存在各种各样的“注水”问题，最突出的是 Facebook 的粉丝数和互动数据。例如，有的账号粉丝些上百万，但贴文阅读率很低；有的贴文点赞数上万，却毫无评论。这些数据不一致的现象，显示出不少账号的运营数据缺乏真实性。

综上所述，中国省级文旅机构的对外新媒体传播还处在初级阶段，距离精准和有效传播还有很长的路要走，需要从认知上重视起来，把重点转移到传播力的提升上；同时，表明中国文旅的国际传播有较大的提升空间，有持续深入研究的价值和必要性。

第七章

吉林省文旅国际新媒体传播案例分析

刘　潇*

以“云旅游”为代表的数字文旅产业的兴起，成为人们普遍接受的在线旅游新形式，它有助于整合线上和线下资源，实现线上线下协同发展，激发游客对旅游目的地的探究欲和高关注度。特别是2020年以来，新冠疫情对全球跨境出行造成重大影响，更是给入境旅游目的地传播推广工作带来了前所未有的挑战。由于海外游客无法实际达到旅游目的地，线上渠道成为最重要的沟通阵地，海外社交媒体已然成为国内各旅游目的地与海外民众交流互动的重要渠道。

本章以吉林省文化和旅游厅在海外五大国际社交媒体上开设的账号为对象，重点分析其在2022年1—9月的传播表现，并选择冬季冰雪旅游传播和“清爽吉林·22℃的夏天”传播两个案例，就其传播效果进行定量分析。

* 刘潇，Sensely Media有限公司CEO。

一　吉林省文旅国际新媒体账号传播数据分析

吉林省文旅国际新媒体账号分别在 Facebook、Twitter、Instagram、YouTube 和 TikTok 五个国际社交媒体平台开设，账户名统一为 DiscoverJilin，从 2022 年 1 月 1 日开始正式运营（见图 7－1）。

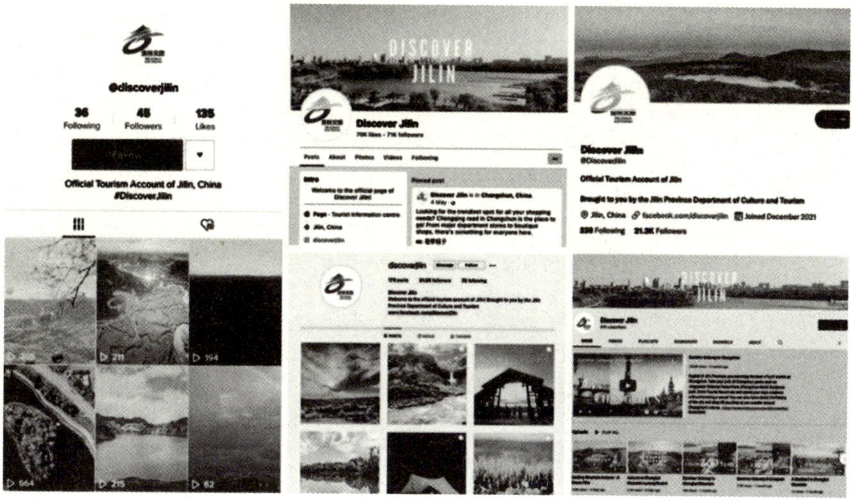

图 7－1　吉林省文旅国际社交媒体账号

1. 粉丝数

2022 年 1—9 月，吉林省文旅国际新媒体账号的粉丝数保持持续增长，从 1 月不足 1 万人增加到 9 月的近 16 万人（见图 7－2）。从不同媒体平台的粉丝构成来看，Facebook 占的比例最高，为 48%；其次是 Instagram，占 26%；Twitter 居第三位，占 20%；而 YouTube 和 TikTok 账号粉丝占比只有 6%（见图 7－3）。

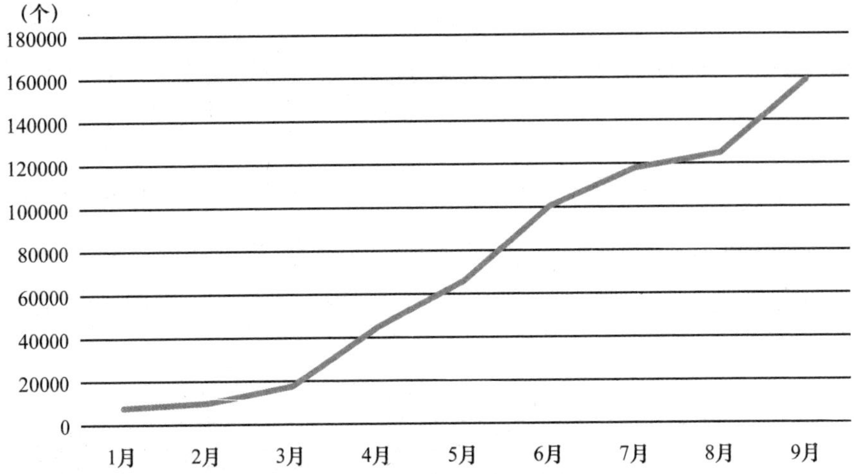

图7-2　2022年1—9月吉林省文旅国际新媒体账号粉丝数量

资料来源：笔者绘制。

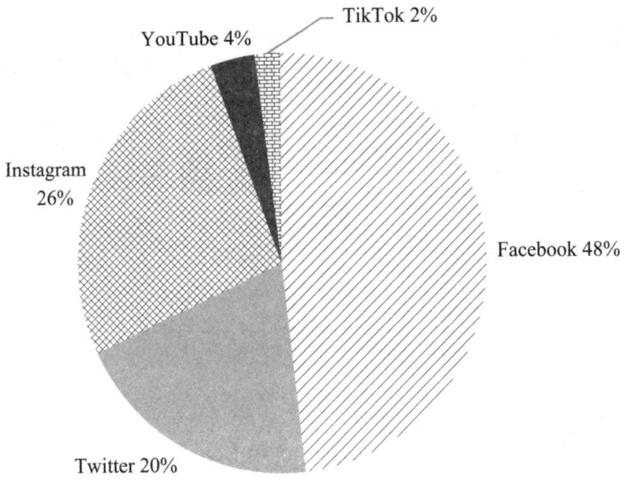

图7-3　吉林省文旅国际新媒体不同平台粉丝构成比例

资料来源：笔者绘制。

2. 互动情况

从点赞数、评论量等互动情况来看，Facebook 的互动次数最多，其次是 Instagram，Twitter 居第三位（见图 7－4）。

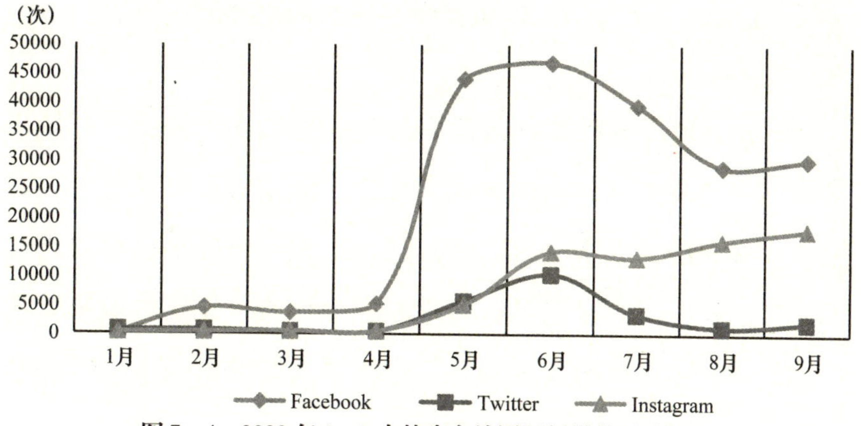

图 7－4　2022 年 1—9 吉林省文旅国际新媒体互动情况

资料来源：笔者绘制。

3. 浏览量

从吉林省文旅短视频的浏览量来看，最初几个月，YouTube 和 TikTok 的差距并不大，2022 年 5 月之后，YouTube 的浏览量迅速提升，达到 TikTok 的 10 倍以上。

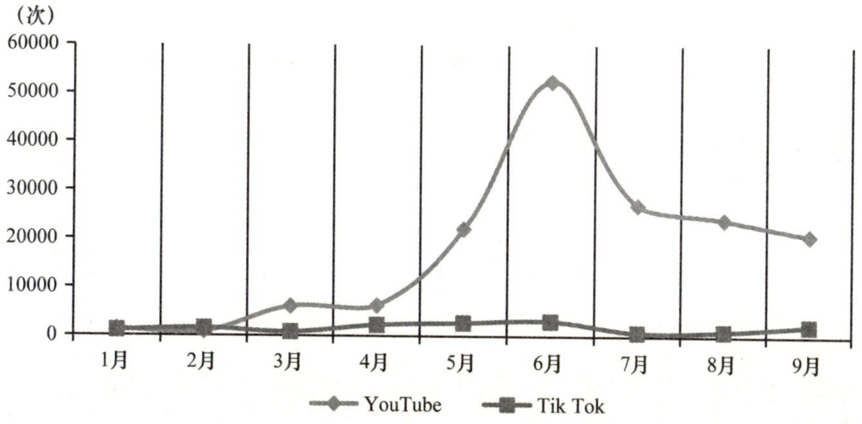

图 7－5　2022 年 1—9 月吉林省文旅短视频浏览量

资料来源：笔者绘制。

二 吉林省冰雪旅游季国际传播分析

吉林省地处世界冰雪黄金纬度带，是世界三大粉雪基地之一，冰雪资源丰富，在中国冰雪旅游产业中占有重要地位。目前，吉林省的“东雪西冰”格局已经形成：东部是堪称粉雪资源富矿的长白山雪经济区，西部是以松原查干湖、白城莫莫格等由冬捕文化连线的冰经济区，中部是拥有数量众多的雪场和冰场的长吉两市组合的冰雪双能经济区。如今，吉林省已成为中国冰雪旅游热门目的地，拥有53座滑雪场，成为全国滑雪接待规模最大的省份。

近年来，吉林省加快脚步开拓国际市场，以“冰雪丝路”为桥梁和纽带，以吉林省和新疆维吾尔自治区两省区共建“中国（长白山脉—阿尔泰山脉）冰雪经济高质量发展试验区”为引领，以高端会议论坛、滑雪联赛等为重要载体，推动跨省区、跨国界冰雪产业合作，拓展冰雪经济“朋友圈”，实现开放共享、互惠共赢。

在吉林省文旅的国际社交传播中，冰雪季的传播是对海外民众最具吸引力的内容，也是打造吉林省国际冰雪旅游目的地传播战略的重要组成部分。吉林省文旅国际社交媒体账号在冬季冰雪旅游传播过程中，以丰富多彩的冰雪节事活动为线，将吉林省冰雪旅游目的地、景区、冬季旅游的风俗美食等风物串联起来，完整立体地展示了吉林省冰雪旅游的魅力。

1. 各地区的冰雪旅游传播

在2022年1—2月的冰雪季，吉林省文旅国际账号共发布205条贴文以及32条视频。从不同区域来看，有关长白山的视频最多，达39条，接下来依次是吉林市、长春市、延边朝鲜族自治州和通化市（见图7－6）。

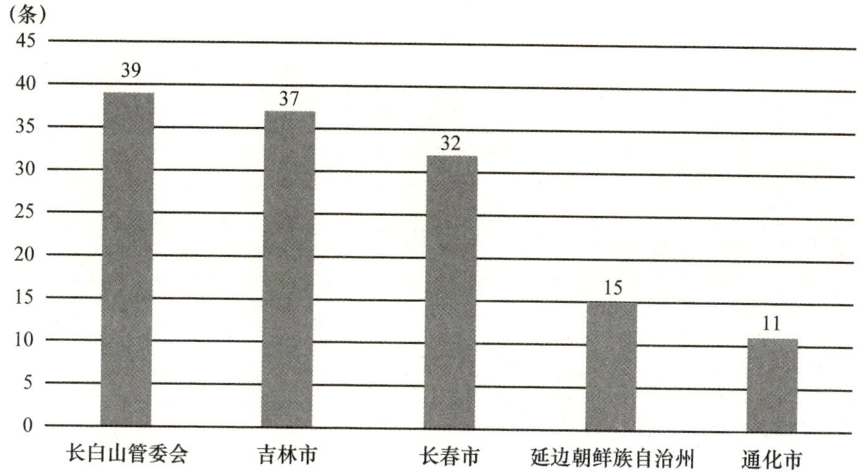

图7－6 冰雪旅游季传播量Top5地区

资料来源：笔者绘制。

长白山拥有得天独厚的气候条件、世界顶级的冰雪资源，冬季旅游资源丰富。敦白高铁于2021年12月24日正式通车，长白山开始迈入高铁时代，敦白高铁打通了长白山连接长春市、进入大东北、直奔京津冀的大通道。“千年积雪万年松，直上人间第一峰”，坐着高铁去长白山，赏冬景、滑粉雪、泡温泉、品美食，成为吉林冰雪旅游一大特色。

吉林市的雾凇景观全国闻名，与黄山云海、泰山日出、钱塘潮涌共同被誉为“中国四大气象奇观”。同时，吉林市还拥有顶级的冰雪资源，北大湖滑雪度假区和万科松花湖度假区雪道面积位居全国前列，受到众多滑雪爱好者的追捧。除了赏雾凇、滑雪，吉林市还有很多特色美食，共同构成吉林市雪季传播丰富多彩的内容。

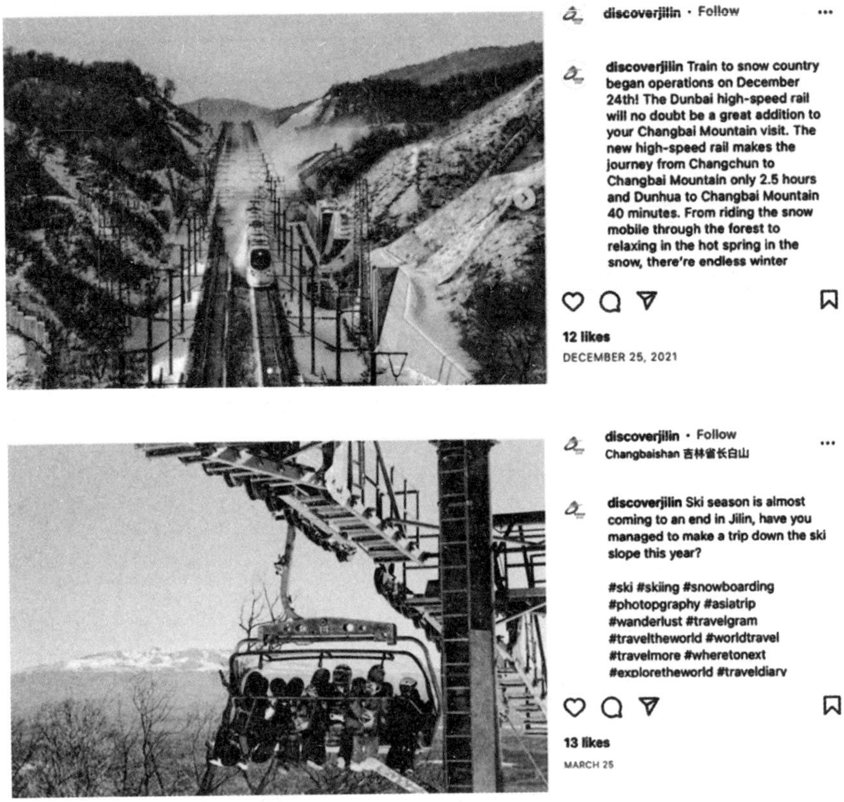

图7－7　长白山冰雪旅游相关贴文

图 7－8　吉林市冰雪旅游相关贴文

2. 冬奥会与吉林省相关的活动传播

吉林省以“冬奥在北京，体验在吉林”为契机，不断发挥冰雪这一独特资源优势，冰雪产业惊艳转型、势头强劲。其利

图 7－9　吉林省与 2022 年北京冬奥会相关贴文

用2022年北京冬奥会的热度，在国际平台上全面展示吉林少省的冰雪旅游特色，对来自吉林省的优秀选手及其家乡的冰雪资源进行介绍，使吉林省的冰雪旅游、冰雪运动和冰雪文化火爆“出圈”。

3. 吉林省冰雪旅游节事活动

冰雪季期间，吉林省文旅国际新媒体账号重点传播了长春冰雪节、长春净月潭瓦萨国际滑雪节、吉林国际雾凇冰雪节、查干湖冬捕节等系列具有重要影响力的冰雪节事活动。

图7-10　查干湖冬捕节相关贴文

三　“清爽吉林·22℃的夏天”国际新媒体传播活动分析

吉林省山水相依、河湖连通，具有得天独厚的资源优势。每年6—8月，吉林省气候宜人，景色美丽，旅游舒适度排在全国前列。近年来，依托优质的生态气候资源，吉林省不断丰富避暑旅游产品的供给，成为全国重要的避暑旅游目的地之一，“清爽吉林·22℃的夏天”也成为全国知名的旅游 IP。

自 2022 年 6 月中旬开始，吉林省文化和旅游厅开展了为期两个多月的“清爽吉林·22℃的夏天”主题传播活动。活动期间共发布 57 条视频和贴文，对吉林省 11 个地区的主要消夏避暑资源进行了全面展示。视频内容主要包括城市历史文化介绍、景区风光展示以及避暑休闲旅游项目及攻略的介绍等。

在所有视频发布后，吉林省文化和旅游厅邀请外国网友对吉林省文旅国际新媒体矩阵发布的各个城市的视频进行了为期 7 天的在线投票，投票选项包括对各地区宣传视频的印象分和观看视频后前往该地区旅游的意愿度。综合两项投票结果来看，“清爽吉林·22℃的夏天”主题传播活动实现了预期的传播目标，各个地区的宣传视频均给外国网友留下了鲜明印象，前往

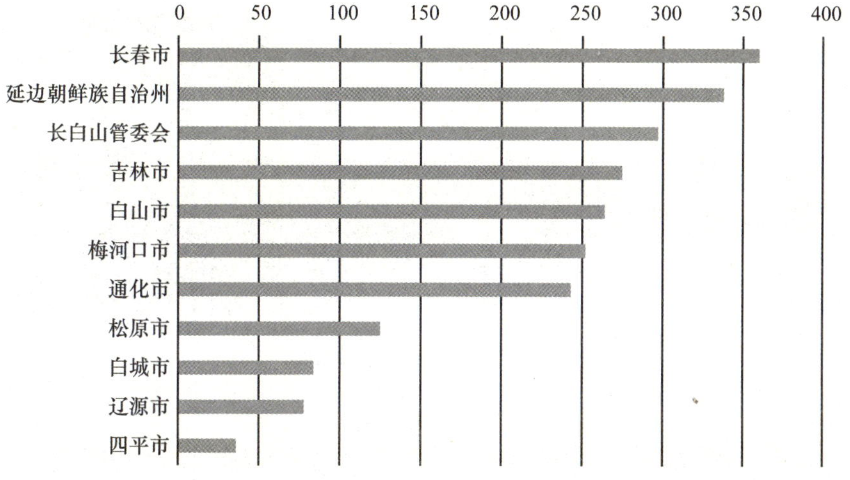

图 7－11　“清爽吉林·22℃的夏天”线上活动各城市影响力

资料来源：笔者绘制。

游玩的意愿度也较高。综合投票结果和相关视频的传播数据来看，吉林省 11 个地区在本次活动中的传播影响力排名依次为长春市、延边朝鲜族自治州、长白山管委会、吉林市、白山市、梅河口市、通化市、松原市、白城市、辽源市和四平市（见图 7－11）。

1. 长春市

作为奥斯卡最佳影片《末代皇帝》的取景地和中国著名的汽车城，长春市在国际上享有一定的知名度，但其城市的旅游资源在海外鲜为人知。本次活动的视频重点介绍了净月潭国家森林公园、长春世界雕塑公园、神鹿峰旅游度假区以及伪满皇宫博物院等景区和文物古迹。其中，传播量最大的一条视频累计点赞达 11000 人次以上，评论 220 条，分享 12 人次；另外一条浏览量为 5761 人次。

图 7－12　长春市相关视频贴文

2. 延边朝鲜族自治州

延边朝鲜族自治州有着独特的民族风情和文化历史。本次活动相关视频重点介绍了防川国家风景名胜区一眼望三国的奇异风貌，光东村浓郁的朝鲜族民俗文化以及在延吉水上市场品尝美味佳肴的场景。很多外国网友对此非常感兴趣，其中一条视频浏览量为 3421 人次，另一条点赞量达 6100 人次。

图 7－13　延边朝鲜族自治州相关视频贴文

3. 长白山

长白山是吉林省最著名的景区，有一定的国际知名度。本次活动中发布的长白山视频，介绍了令人叹为观止的天池、瀑布以及长白山西坡高山花园，突出强调长白山避暑之旅有着非常独特的感受。

我国文旅部门对外传播的最大问题和挑战在于，除北京市、上海市、广州市外，绝大多数城市和景区在海外的知名度不高，加上国际社交媒体的碎片化传播，很难吸引国外网友的注意力。

和其他省份相比，吉林省最大的特色是四季鲜明，特别是“冬季到吉林来玩雪”和“清爽吉林 · 22℃的夏天”已经成为

图 7-14　长白山管委会相关视频贴文

具有一定影响力的 IP。在 2022 年全球多地高温、天气极度异常的情况下，以“清爽吉林 · 22℃的夏天”为主题的系列传播活动成功吸引了海外网友的注意力。在两个多月的时间内，多渠道、持续发布相关内容，对吉林省主要地区最具代表性的避暑旅游景区、景点做了全面介绍。外国网友不仅持续关注，而且积极转发和评论，从而形成对吉林省避暑旅游的整体认知和印象，提升了吉林省的品牌形象。

在此次活动中，五个平台联动的矩阵式推广方式起到了关键作用。其中，视频主要在吉林文旅的 Twitter、YouTube 和 TikTok 三个账号上播放，同时在 Facebook 和 Instagram 两个账号发布贴文引流。由于吉林文旅的 Facebook 和 Instagram 两个账号粉丝量比较大，在相关平台账号进行同时推送，扩大了用户的覆盖面，满足了不同用户的需求。

第八章

中国城市国际新媒体传播力

刘　潇*

在中国城市的对外传播与品牌打造过程中，国际社交媒体发挥着越来越重要的作用，这一进程在新冠疫情后进一步加速。数据显示，截至2022年8月，中国城市在国际社交媒体平台上开设账号的数量如下：Facebook77个，Twitter55个，Instagram29个，YouTube23个。总体来看，在TikTok上开设账号的城市还比较少，但经由国内外网友上传有关中国城市的视频在快速增长。

本章基于全国主要城市2022年1—9月的国际新媒体账号的传播数据，分析城市国际新媒体传播格局，重点对北京市、上海市、重庆市等城市的案例进行解读。

* 刘潇，Sensely Media有限公司CEO。

一　全国主要城市国际新媒体综合传播力

城市国际新媒体综合传播力指数的评价维度由 Facebook 传播力指数、Twitter 传播力指数、Instagram 传播力指数、YouTube 传播力指数 4 个指标构成，权重分别为 35%、30%、15%、20%（见图 8－1）。

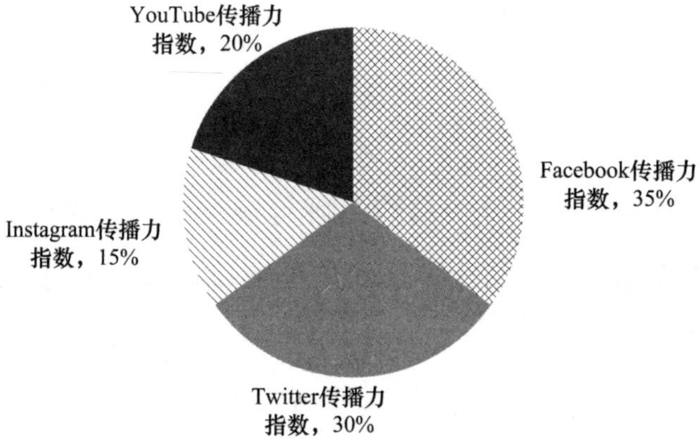

图 8－1　城市新媒体综合国际传播力指数指标权重

注：综合传播力指数算法公式：35% ln（F＋1）＋30% ln（T＋1）＋15% ln（I＋1）＋20% ln（Y＋1）。其中，F 代表 Facebook 传播力指数，T 代表 Twitter 传播力指数，I 代表 Instagram 传播力指数，Y 代表 YouTube 传播力指数。

资料来源：笔者绘制。

基于对全国主要城市在 Facebook、Twitter、Instagram 和 Youtube 四个国际社交媒体平台传播数据的分析，全国城市国际新媒体综合传播力指数排名 Top10 是北京市、上海市、重庆市、南京市、厦门市、杭州市、成都市、苏州市、武汉市、三亚市。

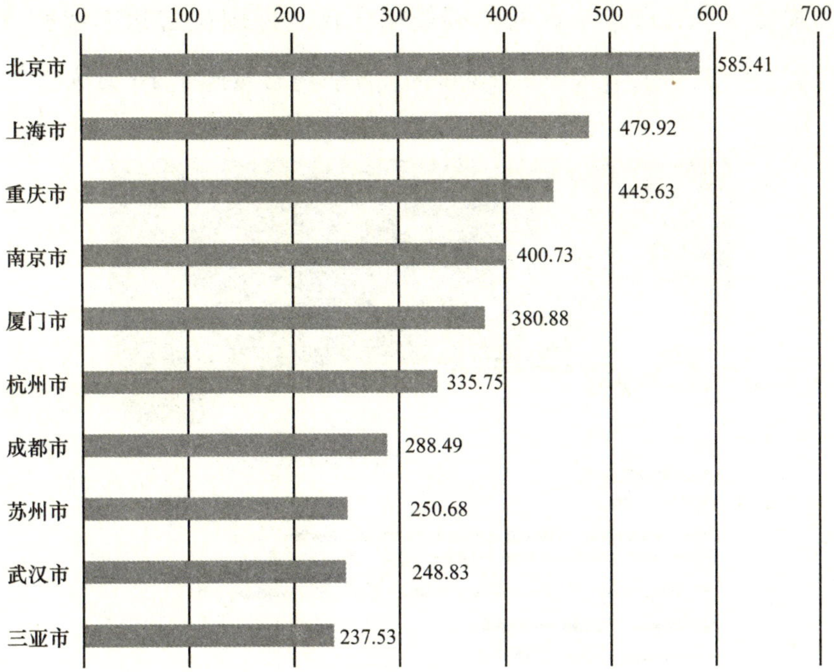

图 8－2　全国城市国际新媒体综合传播力指数排名 Top10

资料来源：笔者自制。

二　北京市国际新媒体传播力

综合来看，在四大国际社交媒体上，北京市账号的综合互动量排在第一位，有明显的领先优势。从传播内容来看，最受外国网友欢迎的视频内容包括北京景点、美食和街区介绍。北京市的 YouTube 账号中发布的内容包括著名景区景点、历史古迹、建筑、非遗和人们的日常生活，并以多元的视角全面介绍北京的旅游资源。其中，“长城好汉 2022”营销推广活动以“夜京彩”为主题，在四大平台上通过直播、视频、图文等多种形式展示了北京市丰富的休闲娱乐生活；外国旅游达人乘船夜游亮马河国际风情水岸的 Facebook 直播观看量超过 10 万人次。

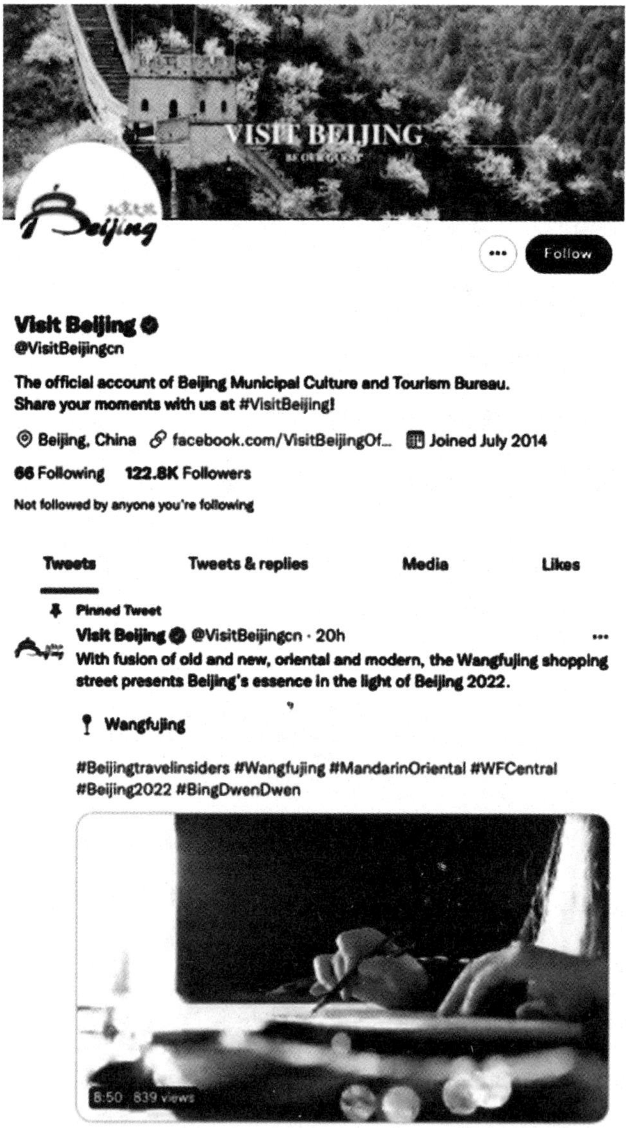

图 8－3　北京市的 Twitter 账号贴文

从 TikTok 上的北京景区景点来看，最受欢迎的是长城，相关视频播放量为 4180 万；其次是颐和园，相关视频播放量为 380 万；接下来分别是故宫（335 万）、北京动物园（ 9.13 万）和天坛（5.39 万）。

有关北京市美食的视频中，冰糖葫芦的播放量最高，超过 7.8 亿次，不少外国网友学做冰糖葫芦，并发挥创意将冰糖葫芦衍生成冰糖猕猴桃、冰糖草莓、冰糖香蕉等；北京烤鸭的视频播放量为 3900 万，炸酱面为 660 万。

三　重庆市国际新媒体传播力

重庆国际传播中心是全国主要城市中首家专业海外传播机构。该中心于 2018 年 7 月成立，建设了重庆海外传播平台 iChongqing。截至 2020 年 4 月 15 日，iChongqing 矩阵海外总用户数已超过 300 万，其中 www. ichongqing. info 网站用户数为 178 万，Facebook 粉丝数为 116 万，海外网络曝光量超过 2. 25 亿，用户互动量突破 800 万。

重庆国际传播中心通过平台建设与海外用户和在渝外籍人士建立起良好的沟通。Youtube 旅游博主 Alex 通过 iChongqing 的 Youtube 账号认识并来到重庆，拍摄了 60 多个小时的素材，持续发布了 20 余期重庆文旅 Vlog，收获了大量热评。

新冠疫情发生后，重庆国际传播中心第一时间启动了“Fighting against COVID-19”（抗击新冠疫情）英文专题报道，

图8－4　重庆市的 Facebook 账号贴文

推出“加油中国，我们挺你！”“视频对话重庆老外”“外企复工复产”等系列报道。截至2020年4月15日，iChongqing网站抗疫新闻专题已发布英文图文、视频、动画作品334条，Facebook、Twitter、Youtube等七个海内外主流社交媒体平台上发布了1392条推文、视频，海外累计曝光量超过2017万。截至2022年7月，重庆市的Facebook账号的粉丝数超过474万，居全国城市第一位；每月发帖数超过120条。

TikTok上重庆相关的视频内容非常多元，过江索道、山城夜景、时尚街拍、重庆火锅等都深受外国网友喜爱。从播放量来看，最受欢迎的是飞天之吻，播放量为3250万；其次是轻轨视频，播放量为200万；接下来分别是洪崖洞（180万）、李子坝（170万）和磁器口（0.24万）。

四　成都市国际新媒体传播力

成都市的Instagram账号有着非常高的活跃度以及领先的互动量，平均月度互动量有2万次左右，粉丝参与度和粘度较高。成都市定期进行在线直播，介绍成都漆器工艺厂、无人经营火锅餐厅等成都特色景点与美食，进一步拉进与粉丝之间的距离并维系粉丝活跃度（见图8－5）。

在TikTok上，与成都相关的视频中，最受欢迎的是大熊猫繁育研究基地，相关视频播放量达45亿次，仅大熊猫吃笋的视频播放量就达到1.34亿次；杜甫草堂、宽窄巷子、锦里古街等人文景点也受到网友关注。

从成都的美食来看，火锅、抄手、凉粉视频热度高，火锅相关视频播放量超过18亿。

图8－5　成都市的Instagram账号展示

第九章

西方主流新闻媒体的“TikTok 抉择”

张春华[*]

2022 年，很多早期入驻 TikTok 的媒体粉丝量增长达到六位数甚至七位数，就连曾讽刺 TikTok 是“轻松新闻”之地的英国 BBC 新闻也在 3 月开通了账号。早在 TikTok 颇有影响力的媒体如天空新闻、《每日邮报》和《华盛顿邮报》等，都加大了对该平台的投入。但很多重量级西方媒体对这一个来势汹汹的“新物种”依然态度“高冷”，如《纽约时报》《华尔街日报》《金融时报》《泰晤士报》《星期日泰晤士报》等，原因何在？面对短视频平台的异军突起，传统新闻媒体入驻还是无视？这是一个问题。

---

* 张春华，北京联合大学应用文理学院新闻与传播系讲师，德外 5 号兼职编译作者，研究领域：国际传播、话语分析。

一　年轻化、火箭式增长的 TikTok

2018 年，字节跳动收购 Musical. ly 平台，推出短视频社交应用——抖音国际版（TikTok）并以火箭般的用户增长速度让世界惊叹。2021 年 9 月，TikTok 已吸引了 10 亿月活用户（包括抖音），跻身全球最受欢迎的社交媒体前列。

TikTok 在美国月活用户数超过 1 亿（2023 年 3 月，已达 1.5 亿），在欧洲也有 1 亿且还在快速增长。2022 年 7 月底，英国通信办公室（Ofcom）的年度新闻消费调查显示，TikTok 是 2020—2022 年英国增长最快的新闻源。2022 年，有约 390 万 16 岁以上的英国人（占总人口的 7%）将 TikTok 作为新闻来源，而 2020 年这一数字只有 80 万（1%）。

TikTok 新闻用户中有一半是 16—24 岁的年轻人，他们的追捧是 TikTok 用户迅速增长的原因。在 12—15 岁的英国青少年中，TikTok 成为与 Instagram 和 Youtube 并列的三大主要新闻来源平台，但其中只有 30% 的人信任 Tiktok 的新闻内容，而 Youtube 和 Twitter 的信任比例分别为 52% 和 51%。

“如今青少年更喜欢浏览社交媒体来获取新闻。虽然那里的新闻不太可靠，但他们喜欢上面针对热点新闻的解读和评论。”Ofcom 战略和研究部主任 Yih Choung-Teh 说。

严肃新闻媒体的缺席也许是 TikTok 上的新闻信任度较低的原因。Ofcom 的调查发现，Tiktok 上多数用户的新闻来源是朋友圈、网红或自媒体，而 Facebook、Twitter 和 Instagram 用户的新闻来源多为新闻媒体机构。

传统媒体入驻 TikTok ，可以吸引在 Facebook、Instagram 或 Twitter 上不活跃且难以捉摸的 Z 世代群体，而 TikTok 也敞开怀抱期待媒体加入。

二　西方旗舰媒体因何踟蹰?

对 TikTok“高冷”的并非 BBC 一家，事实上很多重量级西方媒体都没有在 TikTok 开设账号，如《纽约时报》《华尔街日报》《泰晤士报》等。原因何在?

1. TikTok 不是“我的菜”

尽管 BBC 新闻在 Instagram 平台的账号以 2000 多万粉丝成为当之无愧的媒体领头羊，但其社交平台主管 Jeremy Skeet 在 2021 年接受《新闻公报》采访时表示，BBC 新闻不开设 TikTok 和 Snapchat 平台账号，因为它必须“忠实于自己的品牌”——不做轻松新闻。另外，BBC 也没有资源来创建这些平台所需的定制内容。

BBC 新闻的态度基本可以代表那些“有疑虑”的新闻媒体：TikTok 以歌舞娱乐类短视频起家，给新闻媒体的感觉是这个平台娱乐氛围浓厚，跟严肃新闻“不对版”，尤其适合捧红个体“网红”，并不适合严肃的传统新闻媒体。而如果要制作适合该平台的氛围和用户喜好的新闻产品，则需要投入太多人力和物力，而且不一定能得到回报。

2. TikTok 缺乏对新闻媒体有效的变现支持

一家主要媒体的一位资深消息人士表示，尽管 TikTok 在很多方面都很有吸引力，但他们的公司决定不签约。因为制作优质的 TikTok 视频需要专门进行大量投资，而该平台目前没有提供足够的机会来为媒体网站引流。而且，TikTok 的内容不能直接变现，而在 Youtube 和 Facebook 平台，媒体能够得到平台的广告分成。这位消息人士说："TikTok 确实可以在年轻人中推广品牌，但目前来说，这无法证明投资是合理的。"尽管如此，更多媒体加入 TikTok，尤其是看到敢于"尝鲜"的第一波媒体同行已经收获窗口期红利以后。

目前，媒体在 TikTok 获得收入的途径主要是广告赞助。例如，英国媒体 Capital FM 在 TikTok 上有 100 多万粉丝，它与该平台合作，为电子商务网站 Ebay 运行品牌内容。另外媒体还可以通过主页的"简介"栏目添加链接来为自身网站引流，以增加付费订阅用户。

三　主流媒体 TikTok 账号运营经验谈

在 2022 年 9 月新闻媒体 TikTok 粉丝数排行榜上，《华盛顿邮报》、Vice 世界新闻、天空新闻跻身前十，这三家媒体的短视频账号的运营理念和实战经验如下。

1.《华盛顿邮报》：为了让人们对新闻感兴趣，有时你必须让他们笑一笑

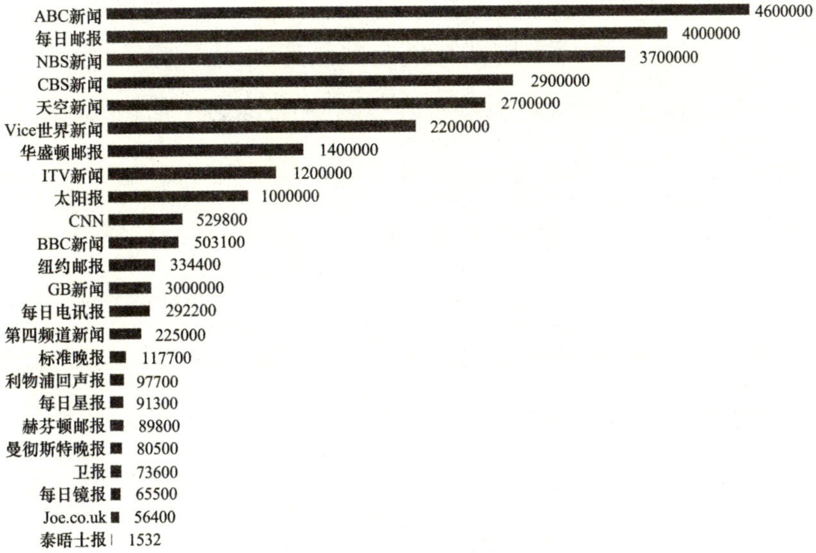

图 9-1 2022 年 9 月新闻媒体 TikTok 粉丝数排行榜

资料来源：笔者根据 2022 年 9 月 21 日的 TikTok 数据绘制。

《华盛顿邮报》目前是 TikTok 的主要新闻合作伙伴，它证明了严肃新闻与幽默主导的社交媒体可以融合发展。

《华盛顿邮报》是早期入驻 TikTok 平台的代表性新闻媒体，其账号主要由视频记者 Dave Jorgenson 运营，目前已有 100 多万粉丝。Jorgenson 在 Twitter 上被称为“《华盛顿邮报》TikTok 一哥”（Washington Post TikTok Guy），全职为平台创建内容（通常每天两个视频）。他的视频关注重大新闻事件，以讽刺和幽默为主要风格。他在接受《新闻公报》采访时说：“我个人的格言是为了让人们对新闻感兴趣，有时你必须让他们笑一笑。”

虽然 Jorgenson 的短视频不能直接链接到《华盛顿邮报》的新闻，只能在账号的简介中提供链接，但这些链接“明显推动了我们的新闻通讯和网站的订阅量”。另外，TikTok 账号有利于在年轻人群中推广《华盛顿邮报》的品牌。

Jorgenson 对 TikTok 平台的服务也颇为满意，他说作为一家经过平台认证的媒体，可以很方便地联系到平台，而且关于算法或功能的问题总是能很快得到解答。

2. Vice 世界新闻：制作独属于 TikTok 平台的新闻产品

Vice 世界新闻的 TikTok 平台负责人 Nabihah Parkar 在接受《新闻公报》采访时表示：“Vice 世界新闻账户上发布的几乎每一个视频都是专门为 TikTok 定制的视频，我们不会发布已经在电视或 Youtube 上发布的视频。” Parkar 说：“我认为这非常重要，视频必须看起来很‘有 TikTok 味儿’，不能像电视，也不能像别的平台视频。”

Parkar 总结了他们成功的视频特点如下。

（1）内容方面是以第一人称视角解读当日重大新闻事件或者是受害者本人对灾难事件的亲身讲述。

（2）风格是非正式的闲谈式，让人感觉对方是在和你闲聊，而不是正统新闻那种宣讲风格。

（3）做不同的尝试虽然可能失败，但也是“这个过程中最重要的部分”。

Parkar 对 TikTok 在推广品牌方面的功能很赞赏，“很多人是在平台个性化推荐的页面接触到 Vice 的内容的”。“有些多年未联系的人在 TikTok 上看到了我们的视频，然后联系了我。” Parkar 认为，TikTok 能让媒体更容易被不同的受众发现，助力品牌推广。

另外，TikTok 上视频格式的变化，可能有助于解释该平台上新闻媒体的增长。“从 30 秒的视频到 60 秒的视频，再到 90 秒，现在最多可以做 10 分钟的视频”。Parkar 说：“我们倾向于坚持做 60 秒，因为这个长度的视频参与度更高……但额外的时间意味着你可以扩展到更复杂的故事。”

3. 天空新闻：坚持做硬新闻，让年轻人爱上高质量新闻

2019 年，天空新闻的数字负责人 Sutton 第一次与字节跳动公司高管会面商谈进驻 TikTok 平台的时候，还在怀疑 TikTok 上是否能有新闻的存身之处。但现在，流量的增长让他们信心十足。

不同于《华盛顿邮报》和 Vice 世界新闻等媒体打造专属于 TikTok 平台视频的做法，天空新闻走的是“坚持自己”的路线，充分发挥自己在硬新闻方面的优势，让年轻人爱上高质量新闻。

在同样是年轻人为主的 Snapchat 平台上，天空新闻推出的由顶级记者 Alex Crawford 参与的大型国际新闻报道非常成功，“这些都是我们引以为傲的高质量新闻报道，然后用适合受众的方式重新包装”，Sutton 说。在 TikTok 平台，天空电视台的专业记者和专家视频流量很大。

Holeyman 认为，解释性报道在几乎所有社交平台都会受欢迎，TikTok 的成功就在于提供了短视频形式的解释。

另外，天空新闻首创了使用二维码将电视观众引流到数字平台的做法，让观众可以在平台间“无缝”切换，每天有多达

25000 人扫码。天空新闻目前还在 10% 的用户中测试直播的垂直版本，希望能用更适合手机版本的新闻延长用户的观看时间。

四 小结

对新闻媒体来说，TikTok 最重要的价值是可以让他们接触到最年轻的群体，这对于延续和推广品牌价值巨大。《华盛顿邮报》、Vice 世界新闻、天空新闻等媒体在 TikTok 上采用第一人称视角的硬新闻实践已经获得了一定的成功，目前的问题是，要想开辟 TikTok 这块流量新领地，必须投入大量的时间和资源。

以 TikTok 目前的增长态势来看，也许很快它就会成为全球主流新闻媒体的必备平台。